社会治理的方法与改革创新研究

布乃青　李美丽◎著

线装书局

图书在版编目（CIP）数据

社会治理的方法与改革创新研究 / 布乃青，李美丽著. -- 北京 : 线装书局，2023.7
ISBN 978-7-5120-5558-2

Ⅰ. ①社… Ⅱ. ①布… ②李… Ⅲ. ①社会管理—研究—中国 Ⅳ. ①D63

中国国家版本馆 CIP 数据核字(2023)第 137163 号

社会治理的方法与改革创新研究

SHEHUI ZHILI DE FANGFA YU GAIGE CHUANGXIN YANJIU

作　　者：布乃青　李美丽
责任编辑：曹胜利
出版发行：线装书局
　　地　址：北京市丰台区方庄日月天地大厦 B 座 17 层（100078）
　　电　话：010-58077126（发行部）010-58076938（总编室）
　　网　址：www.zgxzsj.com
经　　销：新华书店
印　　制：河北创联印刷有限公司
开　　本：710mm×1000mm　1/16
印　　张：13
字　　数：272 千字
版　　次：2023 年 7 月第 1 版第 1 次印刷

线装书局官方微信

定　　价：88.00 元

前　言

社会治理是中国特色社会主义事业的重要组成部分。加强和创新社会治理，事关经济健康发展，事关社会和谐稳定，事关国家长治久安。历经改革开放四十多年的发展，中国社会建设领域实现了从社会管理到社会治理的转型。进入新时代，我国面临着一系列新的社会问题，经济结构深刻变革、利益格局深刻调整、思想观念深刻变化、社会结构深刻变动，各类社会矛盾叠加，社会风险隐患增多，社会治理的形势日益复杂。应对社会转型发展关键期、社会矛盾凸显期的社会治理新挑战，必须进一步加强和创新社会治理，不断提升社会治理的能力和水平。

近年来，国家提出了一系列社会治理的新理念、新思想、新战略。党的十八届三中全会首次使用“社会治理”概念，要求创新社会治理体制，改进社会治理方式，确保社会既充满活力又和谐有序。党的十八届四中全会突出强调法治在社会治理中的重要作用，明确提出推进多层次多领域依法治理，提高社会治理法治化水平。

研究和分析现行机制的缺失与不足，展开对社会组织参与社会治理的机制创新研究，对促进我国社会组织的发展、深化社会管理体制改革、推进国家治理体系和治理能力现代化具有重要作用。

由于作者水平有限，时间仓促，书中不足之处在所难免，恳请各位读者、专家不吝赐教。

前言

目　录

第一章　社会治理的基本理论

第一节　社会治理概述

在我国的社会、政治体制下，社会治理是指党委和政府，以及其他社会主体运用法律、法规、政策、道德、价值等社会规范体系，直接或间接地对社会领域的各个方面、各个环节进行服务、协调、组织、监控的过程和活动。其主要特点是：一是强调党委、政府、社会、公众等多元主体的共同参与，而不是单纯依靠政府的力量；二是强调用法治思维和法治方式来治理社会，而不是采取人治的方式；三是强调综合运用法律、行政、经济、道德等多种手段来统筹社会利益关系，而不是主要依靠行政手段；四是强调从源头上、根本上来解决社会领域的各种问题，而不是等出了问题才被动处置。社会治理的根本目的是维护社会稳定、促进社会和谐，基本任务是协助协调各种社会关系、解决社会问题、规范社会行为、应对社会风险、化解社会矛盾、促进社会公平公正、保持社会和谐稳定，创造既有活力又有秩序的社会发展环境。

“社会治理”的提出，是中国经济社会发展到全面实现小康社会、中国共产党提升执政能力、回应广大人民群众更高期待的必然要求，也是对我国改革开放35年来的经验总结，对各领域改革目标的科学提炼，是中国应对日益激烈的全球竞争、实现国家长治久安的迫切需要。一般来说，作为一个执政党和人民的政府，实现对国家事务的管理，要经历三个阶段，即从“管理”到“治理”再到“服务”。从传统的“管理”到现代的“治理”，虽只有一字之差，但这一个关键词的变化，是治国理政总模式包括权力配置和行为方式的一种深刻的变革，它体现了生产力对生产关系、经济基础对上层建筑的必然要求，表明我国在完善和发展中国特色社会主义制度、推进国家治理体系和治理能力现代化建设等方面具有革命性的变革，是新时期中国发展理念、发展方式的飞跃，标志着中国进入改革开放的新阶段。

在社会治理实践中，推进社会治理体制机制创新，是坚持以人为本，加强党的执政能力建设的一项重大举措，是对中国特色社会主义制度的丰富和完善。建立健全有效的社会治理体制、机制和制度，实施有序的社会治理，对于推进社会整合、激发全社会的创造活力，对于协调各方面利益关系、化解社会矛盾，对于调节收入分配差距、维护社会公平和正义，对于保障社会安全、促进社会稳定，对于推动社会发展进步、实现社会和谐都具有重要的作用。

虽然“管理”和“治理”只有一字之差，但境界却大不相同。无论是工作理念、工作方法、工作体制、工作机制、工作效果，都将发生巨大变化。第一，主体的差异。“管理”主体是一元的，强调和突出主体的权力；“治理”主体是多元的，更加突出强调了人民群众的主体地位，要求充分体现客体的权利。第二，路径上的差异。“管理”是纵向的、垂直的，从上而下，由政府管群众；而“治理”是扁平化的，包括法治、德治、自治、共治等内涵，如党的十八届三中全会中讲到社会治理方式的时候说的，“实现政府治理与社会自我调节、居民自治良性互动”，注重互动运行，强调社会治理的横向延伸。第三，维度上的差异。“管理”常常是单向度的，突出政府的行政权威；而“治理”则是系统的、体系化的，包含着群众的自治、社会的自治和具有反馈回路的治理，主张更多地发挥NGO组织的调节作用。第四，结果上的差异。“管理”必然导致官本位，“治理”则要求民本位。因此，所谓“治理”，是指多元的、扁平化的、系统的机制，是传统“管理”机制的一种提升和嬗变。也就是说，社会治理不是把社会管住、管死，而是着眼于增加社会活力。社会治理的最高境界是实现社会和谐。当然在特定时期、特定地区必要的“管”与“压”是不可缺少的，但“管”与“压”只能是权宜之计，只能是局部行为。如果整个社会都是“管”与“压”，不仅不可能有长治久安，还会埋下动荡毁灭的种子。

社会治理有两种类型：一种是问题驱动，一种是精英驱动。问题驱动是指某个地方发生了严重的群体性事件，促使当地的社会治理制度改弦更张，地方政府面临问题、压力、危机时不得不创新社会治理。精英驱动是指地方领导事业心强，从为人民做事谋利出发，主动推进社会治理创新。当然，在实践中，这两种类型往往是混合交织在一起的。

对社会治理来说，治理是手段，服务是目的。为实现社会服务确实需要一定的管制与审批，需要一定的治理形式，但归根结底治理是为了更好地服务，而不是相反。要通过强化服务意识、提高服务水平、做好公共服务来实现社会治理的创新。

从根本上来说，人民群众自愿参与的社会治理才是真正有效的社会治理，人民群众共同创造的社会稳定才是真正的社会稳定。当然，创新社会治理，吸引社会公众参与社会治理有一个不断成熟的过程。从公众“不说话”到“要说话”，这是进步，但如何“说话”是大有讲究的，当越来越多的社会公众以理性的行为参与社会治理，社会治理的效果也必然会越来越好。

第二节　社会治理的目标

从社会管理走向社会治理，不仅意味着理念发生了巨大变化，相应地也要求推进社会治理主体与治理方式的变革，即由多个主体通过政府的、市场的、法律的、文化的等多种方式进行协同治理。社会治理的目标具有双重性：发挥和依靠各种社会力量共同治理社会、实现共治是社会治理的实践目标；实现社会公共利益最大化，从而达到善治是社会治理的价值目标。

从一定意义上来说，加强社会治理的体制机制、法律法规、人才队伍、治理能力和信息化建设，是提升社会治理科学化水平的关键。政府在社会治理中的职责是加强基层社会治理和服务体系建设，引导社会组织健康有序发展，充分发挥群众参与社会治理的积极性，提供公共服务方式，增强城乡社区服务功能，强化企事业单位、人民团体在社会治理和服务中的职责。政府社会治理的目标是依法治国，建立健全党和政府主导的社会治理机制，正确处理人民内部矛盾，完善行政调解、人民调解、社会组织调解、司法调解联动的社会工作体系，建立和完善国家信访制度，保障政令畅通和规范群众意见诉求表达、权益保障、利益协调渠道。强化公共安全体系和企业安全生产基础建设，遏制重特大安全事故，建立重大决策社会稳定风险评估机制。强化社会平安建设，完善立体化社会治安防控体系，促进司法保障，完善国家安全战略和工作机制，防范国内外敌对势力的分裂、渗透、颠覆活动。

社会治理的第一个目标是社会稳定。社会稳定是指社会保持动态的有序性和连续性，没有全局性的政治动荡和社会骚乱。发展是硬道理，稳定是硬任务。稳定是社会发展的基石，创新社会治理的落脚点就是保持社会稳定。社会稳定有两种方式：静态稳定和动态稳定。静态稳定是指单纯以强硬的方式压制矛盾；动态稳定则是让各种意见和诉求得到充分的表达，这有利于更好地疏导和解决各种矛盾。动态稳定是社会的常态。

社会治理的第二个目标是社会公正。社会公正是和谐社会的基石，是实现社会公平的价值底线。社会公正既体现为一种价值理念，也体现为一种制度设计安排，其实质是社会的各种权利和义务在社会成员之间的合理分配。第一要建立社会公平保障体系，通过立法、监督、执行和引导，来保障社会成员的基本权利。第二要公平地处理涉及民生的重大问题。公平可以分为两个维度：一个维度是制度安排的公平；另一个维度是老百姓认可的公平，群众的评价是最重要的，群众认可的公平是公平的唯一标准。第三，构建中国特色的福利制度，过去是“不患寡而患不均”，现在是“既患寡又患不均”。这要求保证福利性收入、保障性收入分配到位，解决好初次分配和再次分配的公平问题。

在社会治理体制改革过程中，这两大目标主要体现为五项具体任务：

第一，协调社会关系。和谐社会是一首交响乐，其音符就是社会各阶层。社会各阶层之间不可避免地存在利益矛盾和冲突，如何平衡矛盾、化解冲突，是社会治理面临的紧迫任务。协调社会关系有四项重要任务：协调各阶层利益关系；协调城乡利益关系；协调区域利益关系；协调劳资关系。

第二，规范社会行为。规范社会行为就是依照社会习惯、道德和法律，确立社会成员应遵循的基本准则，维护社会秩序和稳定。要健全社会规范体系，通过制定法律和道德规范来指导和约束人们的行为，把规范社会行为列入国民教育计划。

第三，解决社会问题。问题是时代的号角，人类社会就是在不断解决问题的过程中前进的。对社会结构的分析是理解一切社会现象的出发点，调整社会结构是解决社会问题的核心，要求重点做好以下工作：一是加快城镇化步伐，调整城乡结构，赋予进城农民工以城市居民身份，使现代产业工人的经济身份与社会身份相一致；二是完善收入分配制度，调整收入分配结构，逐步解决好分配中的不公平问题，提高劳动收入的比重；三是治理劳资关系，调整就业结构，改变“资强劳弱”的格局，保护劳动者的合法权益；四是缩小社会中下阶层阶级的比例，重视加强中产阶层的培育，构建合理的社会结构。

第四，化解社会矛盾。要建立综合治理的工作平台，充分发挥和整合行政调解、司法调解、人民调解和社会组织调解的重要作用，有效地化解社会矛盾，要建立科学有效的利益协调机制。

第五，应对社会风险。当前，我国已经进入社会风险高发期、危险期，要抓好应对社会风险的源头治理和动态协调，构建应对社会风险的治理体制。党的十八大以来，我国加强了以“一案三制”为核心的应急体系建设，“一案”是指应急预案，“三制”就是建立健全应急的体制、机制和法制。

实现社会治理的目标，关键在于构建好五大体系：一是着力健全社会保障体系，加快形成以社会保险、社会救助、社会福利为基础，以基本养老、基本医疗、最低生活保障为重点，以慈善事业、商业保险为补充的社会保障网络，同时完善社会住房保障制度；二是着力完善公共服务体系，构建以人为本、覆盖城乡、分布合理、功能完备、运转高效的公共服务体系，建立起政府主导、社会参与、适度竞争、监督有力的公共服务格局；三是着力强化社会组织治理体系，培育、鼓励、引导、规范社会组织参与社会治理和公共服务；四是着力加强社会治安综合治理体系，使社会矛盾和问题得到及时化解；五是着力完善社会突发公共事件应急处置体系，建立省、市、县三级集中领导、统一指挥、结构完整、功能全面、反应灵敏、保障有力、运转高效的突发公共事件应急体系。

与此同时，加强和创新社会治理，要结合实际，积极探索提高社会治理科学化水平的有效途径，努力实现科学化治理、人性化治理，形成党委领导、政府负责、公众参与、社会协同、法治保障的社会治理机制，建立权责明确、政社分开、依法自治的现代社会组织体制。创新社会治理理念，需要树立以人为本、服务为先，多方参与、共同治理，关口前移、源头治理，统筹兼顾、协商协调，依法治理、综合施策的理念。形成政府主导、覆盖城乡、可持续发展的基本公共服务体系，构建源头治理、动态治理、应急处置相结合的社会治理机制。

第三节　社会治理的路径

当前，我国正处于深化改革的攻坚期，在社会治理的各领域存在着诸多的社会问题亟待解决。党的十八届三中全会创造性地提出了创新社会治理体制的理念和目标。中华人民共和国成立以来，构建我国社会治理体制的路径是“从群众中来，到群众中去”。而现在相当一部分干部对群众工作的方法陌生了，感到新形势下社会治理工作越来越难做了，“软的办法不管用，硬的办法不敢用，旧的办法不适用，新的办法不会用”。产生这种困惑的症结在于对新形势下群众工作的有效性产生了怀疑，对新时期社会治理机制提出了质疑。

创新社会治理的实践路径，实现从一元单治理向多元交互共治的社会治理模式的结构性变化。需要为基层自治组织提供有利条件，实现基层自治组织的自我管理，建设文化活动中心、文化广场、群众阅读室等公共活动场所，开放公共空间。明确基层社会组织独立的法律主体地位，以及社会组织管理与党组织管理之间的关系。同时，社会组织要从“服从”向“协同”转变，政府中的各个人民团体和社会组织在行动上对组织成员的意见和建议要认真倾听，对矛盾和社会问题要及时引导，在维权、解决纠纷上发挥主要作用。改变社会治理方式由服从政府领导向协同治理迈进。因此，创新社会治理模式，更好地完善社会治理路径，需要加强以下几方面的工作：

第一，转变政府社会治理理念，明确界定政府职能。完善参与型与自治型社会治理结构。要重点培养优秀的社会治理者、优秀的专业人员和社会组织。第一，将全能政府转变为有限政府、服务政府、透明政府、法治政府。政府对社会的治理，向调控、引导、互动、协商、服务和整合的方向转变；从政府对社会的垂直管理，转变为政府与社会横向的良好合作治理模式，以社会共同治理代替过去单纯重视政府作用的治理。第二，从宏观上厘清政府和社会的职能边界，转变政府的工作职能，发挥政府在社会治理中的主导作用。把促进社会公平、培育社会组织、调整社会关系、化解社会矛盾、保持社会稳定、改善社会民生、强化公共服务、维护公共安全，以及提供制度保障、培育和谐社会环境等职能问题作为政府应承担的主要职责。从形式上减少微观管理任务，对于事务性的日常管理服务和培训都交给社会，由社会组织发挥相应的专业职能，强化社会组织在社会治理中与政府的协同作用。一是开放更多的领域，由政府购买社会服务，推动扶贫济困、志愿服务等社会组织健康发展，尤其是推动社会养老、就业等领域的社会组织发展，使社会各个领域都能看到社会组织的身影。二是从政策上支持，扶持社会组织发展壮大，比如制定社会组织税收优惠政策，建立社会组织孵化基地，实行政府购买社会组织专业服务等。三是政府向社会组织转移职能，政府在社会治理中所涉及的公共管理事务，包括服务、协调、技术等事务性工作，可通过由政府出钱，社会组织提供服务、经营、管理的方式进行。同时实行准入机制和竞争机制，引导社会组织不断增强综合实力和服务社会的能力。提升社会组织参与政府社会服务的准入门槛。

政府社会治理的核心应该是对社会治理的创新活动和创新行为要有意识地鼓励和引导，把合理调控和适当激励结合起来，对社会治理领域进行过程引导和规范，形成优质高效的社会治理生态机制。在治理实践中要肯定社会活力，而不是限制社会活力，重视沟通与协调，兼顾各方利益。

第二，解决老百姓关心的问题。创新社会治理模式，关键是加强源头治理，坚持在发展中解决问题，在发展中推进经济建设、政治建设、社会建设、文化建设。当前，我国在很多领域存在着诸多社会矛盾、冲突与问题，给社会治理创新带来严重阻力，在民生问题上构建畅通的利益协调机制显得尤为重要。其重点内容是解决好全社会高度关注的民生、民主、民心问题，促进社会进步和老百姓认可。民生问题是老百姓最为关心的问题，是社会治理源头治理的根本。政府应加快建立和完善健全社会救助体系和城乡接轨的社会保险制度，不断扩大社会保险覆盖面，有效解决城乡居民医疗、养老、失业、工伤、生育保险等需求，提高社会保障水平。确保利益协调机制畅通。在实际工作中要努力实现社会公平正义，加强对困难群体的关注和及时帮扶，对进城务工人员和社会弱势群体在公共服务包括医疗、教育、子女安置、住房等多方面加强管理与帮助。切实为农民群众解决包括失地、就业、保障等现实性问题。实现社会平等，分配公平。

第三，从制度上规范社会治理。创新社会治理体制，使社会治理工作形成制度化、常态化、规范化、系统化，可实现社会治理的持续稳定。社会规范是通过法律和道德手段等行为准则来指导和约束人们行为、维护社会秩序的主要方式。以自律、互律、他律的形式，把人们的行为尽可能地纳入共同行为准则的轨道上来，既维护社会公共权益，又尊重个人合法权益，建立集体意见统一、个人心情舒畅的社会环境，从源头上防范和化解不稳定因素，用制度来架起政府与群众之间的沟通桥梁，构建畅通有序的诉求表达机制，切实维护群众合法权益，建立重大决策社会稳定风险评估机制和公共安全体系，确保社会安定有序。

第四，加快政府职能转变。政府的社会治理模式向“服务型”转变，实际上就是从全能型政府向有限型政府转变。政府的作用主要是为微观经济主体创造公平、正义的社会环境，而不是剥夺政府的权力。政府管理职能的转变，是将社会治理的权力交还社会，建立公民与政府之间的合作与诚信，使社会治理的压力实现合理“分流”。目前，国际上对社会治理的通常做法是政府向社会力量购买社会公共服务，依靠社会组织与社会成员的专业性组成不同的社会治理力量。我国在政府职能转变方面要不断创新理念，拓展治理主体，在治理方法上广泛吸纳社会智慧，为社会提供完善的服务产品，在宏观上对公共服务生产和供给进行有效监督，引导和优化利益调节机制建设，最大限度地保障人民群众的合法利益和基本民生问题都能够得到更好的满足。总之，政府在社会治理中应多伸“援助之手”，让市场在资源配置中更好地发挥决定性的作用，使社会财富更多地流向百姓和企业。

第二章　社会治理的方法研究

第一节　法治保障

法治是国家治理的基本形式，社会治理是国家治理的重要内容。推进国家治理现代化，必须加快社会治理法治化进程，提高社会治理法治化水平。以习近平同志为核心的党中央高度重视法治建设，提出法治国家、法治政府、法治社会一体建设，也为创新社会治理体制明确了新目标、新要求。法治是国家治理的基本形式，实现社会治理现代化，必然要求实现社会治理法治化。

一、社会治理的法治化进展

党和国家始终高度重视法治建设，为形成和发展适应国情的社会治理法律制度进行了长期探索和实践。尤其是改革开放以来，创新社会管理作出重大部署，社会治理法治化取得了明显成就，积累了宝贵经验，为改革、发展、稳定，为建设有中国特色的社会主义事业作出了重大贡献。

第一阶段：奠基阶段

为提高全民法律素质和法治意识，持续实施五年普法规划，通过有领导、有计划、有步骤地进行全民普法工作，有力推动了中国法治建设的进程，开始了我国社会管理从主要依靠政策管理向依法治理的转变。

改革开放的深化和社会主义市场经济体制的建立，有力推动了法制建设稳步前进，逐渐形成了与经济发展需要和国家治理相适应的法律体系。

第二阶段：发展阶段

20 世纪 90 年代，中国开始全面推进社会主义市场经济建设，由此进一步奠定了法治建设的经济基础，也对法治建设提出了更高的要求。虽然“法治”和“法制”只有一字之差，但内涵却有很大差别，即不再仅仅将“法”作为一种治理工具，而是作为国家制度的依据和基础，作为治国理政的基本方略和社会主义现代化的重要目标。自此，“法制”回归其本意，成为法律制度的总称，主要从法律规则的层面强调法律体系的完整性和统一性；而“法治”作为一种与人治相对立的治国方略，强调依法治理，不仅要求具备“依法办事”的制度安排及运行机制，而且强调法律面前人人平等、规范权力、保障权利、程序公正、良法之治等精神和价值。我国基本形成了以宪法为统帅，以宪法相关法、民法、商法等多个法律部门的法律为主干，由法律、行政法规、地方性法规等多个层次的法律规范构成的中国特色社会主义法律体系，国家和社会生活各方面总体上实现了有法可依。

在这一时期的法治建设中，通过制定专门的、系统的、规范的社会政策和法规，管理和规范社会组织，培育合理的现代社会结构，调整社会利益关系，回应社会诉求，化解社会矛盾，维护社会正义、社会秩序和社会稳定，孕育理性、宽容、和谐、文明的社会氛围，建立经济、社会和自然协调发展的社会环境。纵观这一时期的法治建设，其核心在于追求“程序正义”，法律的泛政治化和泛道德化色彩逐渐淡化，开始向日常生活法则回归，立法、行政、司法体系也不断深化自身的独立性，使得整个社会实质性地迈向了“法治”。这些努力不仅迎合了社会主义市场经济的发展要求，也缓和了社会管制留给社会的创伤，保证了社会的高速发展。

第三阶段：完善阶段

依法治国方略围绕着全面深化改革措施的推进而进一步展开，把全面依法治国纳入“四个全面”战略布局。

要发挥市场在资源配置中的决定性作用，简政放权、转变政府职能，必然要求厘清政企关系、政事关系，这为建设高效廉洁的服务型法治政府奠定了良好的基础。法律体系注重立法层面的有法可依，而法治体系则覆盖到科学立法、严格执法、公正司法、全民守法全过程，囊括了依法治国、依法执政、依法行政与法治国家、法治政府、法治社会各方面。

（二）法治治理的特点和优势

习近平指出："我们的国家治理体系和治理能力总体上是好的，是有独特优势的，是适应我国国情和发展要求的。"中国特色社会治理的法治建设具有显著的中国特色和独特的优势。

1. 围绕大局，稳定发展

促进经济社会协调发展，是建设中国特色社会主义的必然要求，也是社会主义法治建设的必然要求。经济的发展和繁荣并不能必然地解决现存的社会矛盾问题，而是更多地要靠加快以民生和社会治理为重点的社会建设来解决。社会治理的时代主题随经济社会的发展变化不断调整变化，从社会稳定、社会发展向更高阶段的社会和谐迈进。持社会和谐稳定结合起来，坚持改革力度、发展速度和社会可承受程度的统一，实现社会稳定和人民生活富庶。在全面深化改革的新时代，坚持法治国家、法治政府、法治社会一体建设，建设平安中国的社会治理总目标，全社会共建共享，全面推进社会治理体系和治理能力现代化，实现社会公正公平、人民幸福。

虽然社会治理的主题因应时势，但其根本目标坚定明确，社会治理法治化始终围绕中心工作，服务大局处理好改革、发展、稳定之间的关系，确保人民安居乐业、社会和谐稳定。改革开放以来，颁布一系列的法律法规，逐步建立健全党和政府主导的维护群众权益机制、群众利益保障机制、社会利益协调机制、群众诉求表达机制、社会矛盾纠纷排查预警机制、社会矛盾调解机制、政府重大决策的社会风险评估机制、突发事件监测预警机制、虚拟社会综合管理机制等，不断推进社会治理体系的完善和能力的提升。通过卓有成效的社会治安综合治理和风险防控，确保社会既充满活力又和谐有序，实现国家的长治久安、人民的安居乐业和经济社会的持续发展。

2. 以人民为中心，管服结合

坚持人民主体地位，是以人民为中心的发展思想在法治领域的具体体现，也是社会治理法治化的基本特点。在我国，人民是依法治国的主体和力量源泉。中国特色社会主义法治，坚持法治建设为了人民、依靠人民、造福人民、保护人民，以保障人民根本权益为出发点和落脚点，保证人民依法享有广泛的权利和自由、承担应尽的义务和责任，维护社会公平正义，促进共同富裕。《中华人民共和国立法法》规定，“立法应当体现人民的意志，发扬社会主义民主，保障人民通过多种途径参与立法活动”。以民为本、立法为民，社会治理法治建设反映人民意志、得到人民拥护。社会主义各种法律都体现了保证人民在党的领导下，依照法律规定，通过各种途径和形式管理国家事务，管理经济文化事业，管理社会事务。

社会治理是对人的管理和服务，管理社会不是最终目的，服务社会才是根本要求，社会治理法治建设体现了服务优先、管服结合的特点。《中华人民共和国慈善法》等一系列的颁布，保障和改善民生的法律法规，坚持以人为本、服务为先的理念，以保障改善民生、促进社会公平正义为重点，大力发展社会事业，完善公共服务体系，加强和创新社会治理，促进人民安居乐业、社会安定有序。

3. 党的领导，多元协同

把党的领导贯彻到依法治国的全过程和各方面，是我国社会主义法治建设的一条基本经验。中国共产党是全面推进依法治国的坚强领导核心，党的领导是人民当家做主和依法治国的根本保证，人民当家做主是社会主义民主政治的本质要求，依法治国是党领导人民治理国家的基本方略，依法执政是党执政的基本方式，依法行政是政府行政权运行的基本原则。坚持党的领导、人民当家作主和依法治国的有机统一，保证了人民以国家和社会的主人的身份充分发挥建设国家、管理国家的积极性、主动性和创造性。

通过立法不断完善党委领导、政府主导、社会协同、公众参与、法治保障的社会治理体制，完善公众参与社会治理法治建设机制，充分听取各方意见，不断健全利益表达、利益协调、利益保护机制，实现了政府治理和社会调节、居民自治良性互动。既充分发挥党政的主导作用，又充分发挥各种社会力量、社会组织在社会治理中的作用，共同参与社会治理，共同分享发展成果，经济、高效、公平地解决好各类社会问题，发挥国家整体效应、促进政府积极作为、实现国家集体意志，促进经济社会协调发展。

4. 依法治理，综合施策

依法治理、综合施策的社会治理方式，是中国社会治理的又一显著特点。要更加注重法治在社会管理中的保障作用，善于运用法治思维和法治方式破解社会管理难题，提高社会管理创新水平，在改善民生和创新社会管理中加强社会建设。习近平指出："治理和管理一字之差，体现的是系统治理、依法治理、源头治理、综合施策。"针对全面依法治国面临的新形势、新任务、新要求，提出了科学立法、严格执法、公正司法、全民守法的"新十六字方针"，既涵盖了立法、执法、司法、守法四个法治建设的基本环节，又明确了每个环节的重点要求，形成了新时期全面依法治国的基本格局。善于运用法治思维和法治方式开展工作、解决问题，统筹运用经济调节、行政管理、法律规范、道德教化、心理疏导、舆论引导等手段，增强社会治理实效。更加重视社会矛盾纠纷的调解化解，多元化纠纷解决体系日益健全；完善守法诚信褒奖机制和违法失信行为惩戒机制，社会诚信建设显著加强；领导干部带头尊法、学法、守法、用法，运用法治思维和法治方式的能力和水平明显提高。

（三）依法治理的挑战和机遇

当前，我国正处于社会主义初级阶段，正处于全面建成小康社会进入决定性阶段，正处于跨越"中等收入陷阱"并向高收入国家迈进的"爬坡过坎"的关键时期，国际形势复杂多变。中国经历了工业化、城镇化、市场化、信息化和国际化，同时经历传统社会向现代化社会转型、计划经济向市场经济转轨的“两个转变”。如果说“五化”是世界普遍发展的规律，那么“两转”就带有中国特色，特别是计划经济向社会主义市场经济转轨前所未有，增加了中国现代化发展的难度。随着全面深化改革的进一步推进，面对的改革发展稳定任务之重前所未有、矛盾风险挑战之多前所未有，现实矛盾回避不了，群众诉求必须合理化解，迫切需要进一步深化社会治理法治化。面对新形势、新任务，需要更好地维护和运用我国发展的重要战略机遇期，更好地统筹社会力量、平衡社会利益、调节社会关系、规范社会行为，使我国社会在深刻变革中既生机勃勃又井然有序。实现我国和平发展的战略目标，必须更好地发挥法治对社会治理的引领、规范和保障作用。

全面推进依法治国，在推进法治社会建设，提高社会治理法治化水平，把社会治理纳入法治化轨道，努力实现社会治理体系和运行机制的法治化、制度化方面，取得了重大进展。应当看到，社会治理法治建设还面临很多挑战，存在许多不适应、不符合经济社会发展的问题。一是总体上立法数量还不足，位阶比较低，且系统性还不够，与创新社会治理体制的实际需要、广大人民群众的期待，特别是切实改善和保障民生的要求还有一定距离，针对性、可操作性不强，特别是一些法律与法律、法律与法规、法规与法规之间的矛盾或不协调问题依然存在。尤其，还有些重要立法尚未列入计划，如《社会组织法》《信访法》等。二是有法不依、执法不严、违法不究现象比较严重，执法体制权责脱节、多头执法、选择性执法现象仍然存在，执法司法不规范、不严格、不透明、不文明现象较为突出，群众对执法司法不公和腐败问题反映强烈。三是部分社会成员尊法信法守法用法、依法维权意识不强，一些国家工作人员特别是领导干部依法办事观念不强、能力不足，知法犯法、以言代法、以权压法、徇私枉法现象依然存在。这些问题必须下大力气解决。

（四）推进社会治理的法治化

1. 科学立法，完善社会治理法律体系

良法是善治之前提，推进社会治理能力和治理体系的现代化必须坚持立法先行，科学立法，完善各领域法律法规，增强法律法规的及时性、系统性、针对性、有效性。第一，应把社会领域的立法工作摆到更加突出的位置，坚持科学立法、民主立法，统筹规划，分步实施，明确责任，修订不相适应的法律法规、体制机制，加快重点领域立法，争取 3 ~ 5 年形成比较完善的中国特色社会治理法治体系。第二，依法界定社会治理各主体之间的权利界限、职责范围及程序，紧扣《法治政府建设实施纲要（2015—2020 年）》确认职能范围，划定权力清单，厘清政府和社会的关系，以及各自的角色定位，实现社会治理权责关系明晰化、法治化，提升社会治理效能，形成党政善治、社会共治、基层自治的良好局面。第三，要时刻关注民生、社会安全和生态保护等领域出现的新问题，不断完善相关的法律法规，为解决社会中出现的新问题提供法律依据，保证社会治理内容的合法性。第四，在立法的过程中，要最大限度地听取民意，整合不同利益群体的观点，保障弱势群体利益，形成被大多数社会成员认可的可行方案，使法律代表大部分人的利益，体现最广大人民的意愿。第五，通过立法的形式使社会治理的经验上升为制度，完善法律法规，使社会治理的主客体、方式、范围等有法律依据。

2. 依法治理，构筑社会安全防护网

在法治轨道上推进社会治理法治化，创新执法体制，完善执法程序，推进综合执法，严格执法责任，建立权责统一、权威高效的依法治理体制，构筑社会安全防护网。把能不能遵守法律、依法办事作为考察干部的重要内容，党政领导干部必须遵循法治原则，不得逾越法律的底线。国家行政机关依法行政，法定职责必须为、法无授权不可为，推进各级政府事权规范化、法律化，

实现治理程序的法治化。司法机关要公正司法，进一步提高执法质量、执法水平、执法公信力。运用法治思维解决与人们切身利益密切相关的民生问题，打破利益固化的现状，激发社会的活力，用法律对社会相对和谐的状态予以保障。运用法治思维还有助于进行舆情分析，使人民共建和谐社会，共享经济发展成果，在全社会范围内形成崇尚法律的法治精神，以期最终建成法治社会。用法治的方式进行社会治理，这既是将依法治国这一战略方针落到实处的有效途径，也能推动社会治理取得积极效果。

3. 尊法守法，增强全民法治观念

法律的权威源自人民的内心拥护和真诚信仰。习近平指出："法律要发挥作用，需要全社会信仰法律。"首先，把全民普法和守法作为依法治国的长期基础性工作，全方位地深入开展法治宣传教育，破除长期存在的管控思维，强化合作意识、协商意识，增强学法、尊法、守法、用法意识，使法治理念、法治精神内化于心、外化于行，在全社会范围内培养起法治信仰和精神，使法治思维成为社会成员的潜意识内容与内心认同。其次，引导全民自觉守法、遇事找法、解决问题靠法，依法表达诉求、主张权利，维护好自身的合法权益，提高依法办事能力，将法治理念贯穿于社会治理的整个过程之中，让法治成为居主导地位的社会治理方式。最后，把这种法治意识通过日常行为体现出来，尊重法律的权威地位，让人们相信法律面前人人平等，人们的社会行为都在法律的框架内进行，在法律框架内的合理诉求都会得到合法的结果。

4. 重心下移，推进基层治理法治化

全面推进依法治国，基础在基层，工作重点在基层。要加强基层法治机构建设，强化基层法治队伍，建立重心下移、力量下沉的法治工作机制，改善基层基础设施和装备条件，推进法治干部下基层活动。这就明确了推进基层治理法治化的前进方向，提出了基本要求。一是发挥基层党组织的战斗堡垒作用，增强基层干部法治观念、法治为民的意识，提高依法办事能力。二是加强基层法治机构建设，强化基层法治队伍，建立重心下移、力量下沉的法治工作机制，改善基层基础设施和装备条件。三是努力掌握预防化解社会矛盾主动权，提升预防、化解社会矛盾的水平，建立健全矛盾纠纷排查调处机制，依法妥善解决基层社会的苗头性、倾向性问题。四是推进法治干部下基层活动，积极引导、推荐优秀法治干部到基层挂职、任职或驻地服务，建立便民化法律援助服务体系，扩大法律援助范围，提高法律援助质量。

要通过责任倒查倒逼政府行政规范，做到违法必究。要严格按照《中共中央关于全面推进依法治国若干重大问题的决定》《廉洁自律准则》《纪律处分条例》要求，对决策严重失误或者依法应该及时作出决策，但久拖不决造成重大损失、恶劣影响的，严格追究行政首长、负有责任的其他领导和相关责任人员的法律责任。要严格落实规范行政行为的法律法规，保证权力在法治轨道上运行。

要努力提升司法行政参与社会治理的能力水平。在突出重点人群的同时，要利用新媒体开展法制宣传教育，提高公众参与社会治理和依法表达诉求、依法维护合法权益的意识。要下大力气推进法律服务中心（站、室）建设，创新推进“一村（社区）一法律顾问”工作，开展针对“一带一路”建设的法律服务、针对企业的“法律体检”，构架立体式、多层次的法律服务体系，为各阶层、各类社会组织提供身边的法律服务。

第二节　道德约束

中国作为具有几千年文化传统的礼仪之邦，重视和发挥道德的感化力量，实施“以德治国”，是长期以来中国整合社会的基本思想方法。社会治理现代化是制度现代化与人的现代化相结合，现代化的社会治理固然需要制度的保障，但社会治理问题的根本解决最终还需人的自我道德约束。伴随着社会治理实践的推进，道德作为一种非强制性的柔性约束，始终渗透于社会治理实践的始终，参与社会治理的各个方面，逐渐内化为社会治理体系中不可或缺的构成性因素，在社会治理的实践中发挥着不可或缺的重要作用。研究道德与社会治理的关系，探讨道德约束对于社会治理机制的形成乃至国家治理现代化的实现都具有重要的意义。

一、道德治理的内涵解读

在社会生活中，人的德行是社会生活整体有机化的前提。一个有着普遍德行的社会，是一个健全的社会；反之，没有德行的社会，就是一个恶的社会。对于恶的社会，无论有着什么样的惩罚机制，都不能从根本上禁绝恶行的发生。因而，在人类社会的每一个历史阶段，激励人的德行，都是成功的社会治理的标志。

道德治理的内涵阐释主要有以下三种:其一，工具性解释。即用“道德”进行治理，把道德作为社会控制、建立社会秩序的工具。道德治理的内容包括社会制度道德建设和国民道德建设两个方面。有学者认为，道德治理是指统治阶级利用国家权力发挥道德作用维护社会秩序的一种治理社会的活动。其二，义理性解释。道德治理就是在道德价值取向上纠正偏颇，在重视道德的规范形式的同时，强调道德的内在精神，把道德原则作为社会治理的价值依据。有学者认为道德治理的关键在于“治心”，最终而求“放心”。此类观点从价值层面对道德治理进行了初步界定。其三，工具与义理并重性解释。依据道德治理的主体不同，道德调控理论包括三种倾向：一是“国家中心论”，强调国家和政府在道德调控中的作用，带有强制性，调控效果显著。这种理解把道德调控视为重要的社会治理途径，以涂尔干的“国家中心论”为代表；二是强调“社会中心论”，认为道德调控是运用各种社会力量规范人们行为的方式，以迪恩的多元主体论为代表；三是注重个体道德培育与内化，如主张通过道德调控转变社会成员的认知，使他们对规则形成共识并接受。

道德治理是一种具有独特运行机制的国家治理方式，其实现是一个循序渐进的过程，具有显著的阶段性。道德治理既需要从社会的现实道德水平出发，又必须树立起更高的道德理想，从而为人们的行为选择提供导向，并将人们的行为不断引入一个更加和谐的秩序化水平。道德治理目标的层级性和道德治理手段的多样性，决定着道德治理的实现是一个循序渐进的过程，在其实现上是不可能一蹴而就的。道德治理的初级阶段应以外在道德规范的治理为主，主要从外在道德规范的角度对身处伦理关系中的个体进行调控；中级阶段应注重从外在道德规范的治理走向内在道德自觉的治理转化，从而保证道德治理的时效性与针对性；高级阶段应侧重培植内部调节机制，真正使治理主体具有自觉意识和内在约束，使道德治理从社会主体的内在道德自觉走向外在道德行为，促进主体的全面发展与日臻完善。

概言之，道德治理就是指社会多元主体运用其道德的影响力量对诸多领域当中出现的社会问题进行柔性治理的过程。它具有肯定与否定的双重价值取向，即向下对“恶”的治理与向上对“善”的引领。但是，道德作为调整人与人、人与社会、人与自然、人与自身的手段与方式之一，其本身就是一种柔性的治理方式，通过约束、激励、评价、引领等功能，维持社会秩序、实现社会稳定的功能。只是道德治理相对道德对社会关系调整力度而言，是一种弱化的强制性治理方式。

二、道德治理的历史变革

中华人民共和国成立以来，围绕中国共产党执政以来“建立什么样的社会”，以及“怎样进行社会治理”展开道德建设，在团结人民、凝聚力量和保障社会稳定等方面发挥了极其重要的作用。由此可见，每个时期与阶段道德手段的选择、道德建设重点的选择，都是以当时所处的道德状况为基础的，也是对当时所面临的道德突出问题的回应。随着国家发展战略和经济社会发展的变化，不同的历史时期我国道德治理的目标、任务不同，采取的方式与手段不同，大致可以分为三个阶段：

（一）社会管控时期

以社会主义革命和阶级斗争为主要手段、以消灭私有制及其附属的意识形态为目标，建立起以公有制经济为基础、以集体主义为核心、以共产主义为目标的社会主义价值体系，在全党范围内要求党员干部“全心全意为人民服务”“毫不利己，专门利人”，出现了“雷锋精神”“焦裕禄精神”“铁人王进喜精神”等共产主义道德模范精神。此阶段的道德建设是思想政治教育的重要组成部分，呈现出道德理想主义特征，道德精神与道德要求被过度拔高，处处政治挂帅，忽视人民的必要物质利益与经济发展的客观规律等。在社会主义道路的探索中，通过社会舆论导向、道德建设、思想政治教育和政治压力攻势等方式来改造人们的思想意识，不断强化和巩固社会主义意识形态主导地位，进而通过改变人们的行为来实现社会管控的目标。

（二）社会管理时期

为促进计划经济向市场经济转变，整个社会以经济建设为中心，伴随着这一转型过程，中国的社会管理也不断调整、完善，以适应快速发展的经济社会。经济体制转型和法制化建设的步伐加快，在优先发展经济的基础上推进社会全面发展，社会治理服务或配套于经济体制的市场化改革，从对社会的全面管制向社会管理的市场化转变，同时也加快了法制化进程，并且出现了结构分化和治理重心下移，推动着改革开放事业的顺利发展，放松管制带来了市场活力和社会生机。但由于未从根本上触动计划经济体制，社会管理的调整和变革是在许多方面未进行配套改革、政府主要通过行政手段管理社会经济的方式没有改变的情况下进行的，社会管理仍从属于行政体制下的社会管理。

为破解新的道德难题与挑战，开始狠抓精神文明建设。20 世纪 80 年代初期，在全国范围内掀起的“五讲四美三热爱”群众性的道德教育活动，使我国城乡的社会风气和道德面貌有一个根本改观。在全党把工作重点转移到现代化建设上来以后，中共中央曾多次郑重指出：我们在建设高度物质文明的同时，一定要努力建设高度的社会主义精神文明。这是建设社会主义的一个战略方针。社会主义精神文明建设的根本任务，是适应社会主义现代化建设的需要，培养有理想、有道德、有文化、有纪律的社会主义公民，提高整个中华民族的思想道德素质和科学文化素质。为此，要用共同理想动员和团结全国各族人民，要树立和发扬社会主义的道德风尚，要加强社会主义民主、法制、纪律的教育，要普及和提高教育科学文化。

进入 21 世纪，道德建设注重加强个体道德修养，以“公民道德建设”为主要内容。《公民道德建设实施纲要》提出道德建设的根本任务是培养“四有”公民。

（三）社会治理时期

从传统的重视命令式、运动式、动员式的道德治理方式向法治型、互动式、规范化的道德治理制度的方式转变，显著提高社会治理的制度化、规范化和程序化水平。

在社会治理多元主体的确立和发展中，道德是其中不可或缺的基础性要素。国家和社会治理需要法律和道德共同发挥作用，要大力弘扬社会主义核心价值观，弘扬中华传统美德，培育社会公德、职业道德、家庭美德、个人品德，既重视发挥法律的规范作用，又重视发挥道德的教化作用，以法治体现理念、强化法律对道德建设的促进作用，以道德滋养法治精神、强化道德对法治文化的支撑作用，实现法律和道德相辅相成、法治和德治相得益彰，既有道德约束又有法律规范。

习近平指出，实现中国梦必须弘扬中国精神，必须围绕经济建设这个中心，紧紧扭住中华民族伟大复兴这个主题，坚持巩固壮大主流思想舆论，弘扬主旋律，传播正能量，激发全社会团结奋进的强大力量。这就把思想道德建设与中国梦紧紧联系起来，道德建设有了更高的支点，赋予了新的使命。加强社会主义思想道德建设，为中国梦凝聚起坚实的道德基础。习近平指出，我们要坚持马克思主义道德观、坚持社会主义道德观，“引导人们向往和追求讲道德、尊道德、守道德的生活，形成向上的力量、向善的力量。只要中华民族一代接着一代追求美好崇高的道德境界，我们的民族就永远充满希望”。

习近平指出，要持续深化社会主义思想道德建设，弘扬中华传统美德，弘扬时代新风，用社会主义核心价值观凝魂聚力，更好构筑中国精神、中国价值、中国力量，为中国特色社会主义事业提供源源不断的精神动力和道德滋养。

建设基本内容和经验的基础上，根据时代发展的新要求，对支撑中国特色社会主义发展的“大德”进行了整体构建。以习近平同志为核心的党中央在抓经济建设、法制建设的同时，十分重视意识形态建设和思想道德建设，以理想信念和社会主义核心价值观构建国家的“大德”，以基本道德规范来设立道德建设的“底线”，以道德楷模来树立道德建设的“标杆”，以仪式活动营造道德建设“环境”，以修养和践行来奠定道德建设的“根基”，构成了关于道德治理基本思想和方法。

三、快速转型中的道德治理

根据经济社会发展巨大变迁的客观实际，我国高度重视道德治理创新，在不断调整道德在社会治理中的运行机制和调整道德治理的方式方法等方面取得了重要进展，发挥着不可替代的重要作用。

（一）协同多元治理主体

社会治理既是对全社会的治理，也是全社会共同参与的治理。党政主导、多元协同，是中国社会治理的最大优势和最大特色。多元主体要参与到社会治理实践中，必须获得民众的认可并具有一定的权威性。而这种权威性的获得，应当主要来自公众的道德评判而不是党政机构的行政强制。当今中国，需要参与道德治理的多元主体既保持相对的自主性和独立性，又能够通力合作，形成一种和谐有序、自律自治的制度化治理机制，灵活采用多种方式发挥道德的柔性制约和激励作用。处理好这个多元化系统中各个组成要素之间的合作互动关系，兼顾到社会多元主体的不同利益诉求，都需要通过道德的提升来强化对主体行为的引导与规范，凝聚社会主体的共识，推动社会治理的良好运行和有序开展。但从现状来看，这种良好的道德治理结构尚未形成，而在道德建设中社会自治功能则相对不足。

（二）促进社会制度运行

社会治理是国家治理的重要组成部分，当前促进社会治理各项制度的良性运行也已经成为推进国家治理体系和治理能力现代化的重要内容。制度不仅包括正式的成文法规法律，还包括诸多非正式约束，即制度“由非正式约束（道德约束力、禁忌、习惯、传统和行为准则）和正式的法规（宪法、法令、产权）所组成。”道德作为一种柔性约束构筑出社会治理的重要根基，又与各类成文制度相互配合，保障着社会治理的良好运行。道德以非正式的软性约束和柔性规范形式内隐于社会治理制度之中，依靠人的道德良知与行为自觉而产生的强大的内驱力和约束力，有效引导和规范人们的外在行为，自觉追求社会治理的实践目标；同时，依靠社会舆论与道德评价影响到社会生活的各个层面，引导、约束、规范人们的行为，发挥出它独有的社会治理功能。道德推动制度的变革和创新，与其他成文制度形成互补，共同推进社会治理实践。没有蕴含内在道德的法律制度，“不仅仅会导致一套糟糕的法律体系；它所导致的将是一种不能被恰当地称为一套法律体系的东西”。道德观念和道德内容随着社会的发展不断更新、调整、完善，而成文制度则具有相对的稳定性。当前，应当紧紧围绕五大发展理念以促进公平正义、增进人民福祉，引导和支持不同方面的群众通过制定完善市民公约、乡规民约、行业规章、团体规章，进行自我约束、自我管理，规范成员行为，发挥多种社会规范的积极作用，为国家治理体系和治理能力现代化提供全面的制度性保障。

（三）规范引导社会行为

在社会转型期，中国社会的道德现状与道德问题尤为引人注目，呈现“感动与疼痛并存，谴责与反思交织，忧虑与希望同在”的图景。新时期的民生诉求在全面升级，市场经济条件下人们的价值理念发生深刻变化，与这种变化相适应的社会道德和诚信体系建设却滞后于变化。另外，约束、监督追求个人利益的行为规范却没有建立完善；适应这种复杂性的社会治理和监督监控技术却没有得到符合需求的提高。道德不仅以其普遍适用性的特征渗透到社会生活的各个方面，对人的思想和行为产生重要的影响作用，制约着社会治理的范围和效果；而且，道德在规范社会成员实际行为的同时，能够凝聚社会共识，为社会治理创设良好的价值环境和社会氛围。道德理念、道德准则、道德规范不仅直接规范和制约着人的社会行为，而且在此基础上参与整个社会秩序的建构，保持合理的社会状态，从而为社会治理提供可依托的生长点。在推进国家治理体系和治理能力现代化的进程中，社会治理中多元主体的存在，使各种利益诉求激烈碰撞，也使社会关系的脆弱性不断加大，使得社会运行充满了风险。道德作为社会调控不可缺少的一种有效手段，通过主体的道德自觉和自律，提升个体和社会的道德水平，从正面对人进行引导和规范，增强各个治理主体之间的和谐、合作，消除不确定性隐患，化解社会风险，稳定社会结构，从而保障社会治理实践的顺利进行。

四、创新道德治理的路径

（一）加强教育，传承创新

国无德不兴，人无德不立，道德是社会关系的基石，是人际和谐的基础。在走向国家治理现代化的进程中，要树立与当前政治、经济、社会、文化发展水平相适应的价值理念和目标体系，兼顾工具理性与价值理性的制度系统。一是加强对中国梦的宣传和阐释，紧紧扭住中华民族伟大复兴这个主题，弘扬中国精神，不断赋予中国精神新的内涵，坚持巩固壮大主流思想舆论，弘扬主旋律，传播正能量，激发全社会团结奋进的强大力量。这就把思想文化建设与中国梦紧紧联系起来，为现阶段的道德建设提供了基本遵循。二是加强全社会的思想道德建设，要大力弘扬社会主义核心价值观，培育社会公德、职业道德、家庭美德、个人品德，引导人们向往和追求讲道德、尊道德、守道德的生活，将道德建设贯穿社会治理的各领域和整个过程。三是树好典型，提升道德水平的目标，以评促德，通过榜样示范和道德激励，充分发挥各方面英模人物的榜样作用，激励人民群众崇德向善，鼓励全社会积善成德。四是弘扬中华传统美德，对先人传承下来价值理念和道德规范，要坚持古为今用、推陈出新，有扬弃地予以继承，有鉴别地加以对待。五是重视家庭建设，注重家庭、注重家教、注重家风，紧密结合培育和弘扬社会主义核心价值观，发扬光大中华民族传统家庭美德。

（二）完善规范，强化管理

当前道德领域的一些矛盾和问题，与我国社会整体转型期，道德领域的制度和规范相对滞后不无关系。道德规范体系集道德意识、观念、评价于一体，它作为一个系统性的整体产生的影响，散布于社会多方面、全过程。现代社会纷繁复杂，社会治理规则体系也不是单一、同质的，而是由不同类别、不同层级、不同方面的内容构成，加强道德规范体系建设，必须适应社会主义市场经济，与此同时，还要融合改革开放的道德新观念。道德体系要符合社会主义本质要求，具有社会批判和时代精神特点的改革创新精神，吸收借鉴国内外优秀文化的道德理念。社会规范构成的集合体，除国家法律法规外，市民公约、乡规民约、行业规章、团体章程等多种形式的社会规范，对其效力所及的组织和成员个人具有重要的规范、指引和约束作用。因此，在社会治理创新中应更加重视运用其他社会规范，以规立德，在居民充分酝酿讨论的基础上修订完善村规民约、居民公约，使每一个居民都成为公约的执行者和监督者。

（三）共建共享，协同实践

多元社会主体合作共治，是社会治理走向现代化的重要标志。加强社会治理中的道德约束和激励，必须从中国的国情出发，既不能走把治理权力都集中到政府、政府包管一切社会事务的老路，也不可能走一些西方国家倡导的完全依赖民间组织发育社会的道路。伴随着市场经济体制的逐步完善、社会结构的多样化变迁、人民权利意识的日益增强，以及信息通信技术的快速发展，积蓄已久的市场和社会能量得以释放，也进一步为全民共建共享奠定了基础、提供了动力与可能。

社会治理体制改革，需要合理界定政府—社会—个人之间的职能。政府与社会之间有各自的权限，在政府权力不及的地方，就有了社会参与的机会。通过参与，社会成员才能得到进一步的道德实践，提高道德水准。只有这样，个体的独立道德才有发展的空间。道德在独自的空间内发挥调控功能，既能强化行政伦理建设，又能塑造社会道德体系。政府从传统的控制地位转换成平等的参与者，对源自民间的道德创新进行引导与推动；社会主要是指社会组织和民间道德协会，在新型道德调控模式中处于中心地位，成为道德调控的核心力量；而个体则是道德调控的具体参与者和实践者，他们既是道德调控的主体，也是被调控的对象与客体，更是道德内化的重要单位。

（四）法德并举，协调统一

法律是成文的道德，道德是内心的法律，两者在功能上相互支持，实施中相互配合，内容上相互吸收。提升社会治理能力不是法律的独角戏，而是需要道德的支持与配合，只有德法并举，协调统一，才能有效促进和提升社会治理能力，德法并举是实现社会治理水平现代化的根本途径。有效的道德治理依赖于有序的法律治理，真正有效的社会治理活动必定是既合法有序又合理有德的完整的社会治理，而不是单一法律或道德的治理方式。

道德治理是人类社会道德理想的实现过程，法治社会中道德的力量是实现良好社会秩序的前提条件，同时也是促进良好社会秩序自然形成的重要措施。要坚持依法治国和以德治国相结合，把法治建设和道德建设紧密结合起来，把他律和自律紧密结合起来，不断提高国家治理体系和治理能力的现代化水平，实现社会治理事后惩处与事先预防的统一，宏观调控与微观规制的统一，低成本与高效率的统一，他律性与自律性的统一，现实性与前瞻性的统一，社会整体环境净化与个体道德境界提升的统一。

第三节　科技支撑

一、科技发展与社会治理进步

工程科技创新驱动着历史车轮飞速旋转，为人类文明进步提供了不竭的动力源泉，推动人类从蒙昧走向文明、从游牧文明走向农业文明、工业文明，走向信息化时代。从社会发展史看，人类经历了农业革命、工业革命，正在经历信息革命；农业革命增强了人类生存能力，使人类从采食捕猎走向栽种畜养，从野蛮时代走向文明社会。工业革命拓展了人类体力，以机器取代了人力，以大规模工厂化生产取代了个体工场手工生产。而信息革命则增强了人类脑力，带来生产力又一次质的飞跃，对国际政治、经济、文化、社会、生态、军事等领域发展产生了深刻影响。我国在欧洲发生工业革命、世界发生深刻变革的时期，丧失了与世界同进步的历史机遇；在今天信息革命时期，我国正处在互联网快速发展的历史进程之中，正处在“信息化和经济全球化相互促进”这个大潮之中。习近平指出，“这是中华民族的一个重要历史机遇，我们必须牢牢抓住”。

互联网作为20世纪最伟大的发明之一，已经融入社会生活方方面面，深刻改变了人们的生产和生活方式。随着移动互联网、物联网及大数据、云计算、人工智能的发展，人类生活所经历的一切都在转变。互联网是一个新兴领域，也可能是实现国家超越式发展的捷径。互联网对很多领域的创新发展起到很强带动作用，给各行各业创新带来历史机遇。同时，互联网发展对国家主权、安全、发展利益提出了新的挑战，互联网也已成为我们党长期执政所要面对的“最大变量”。如果我们过不了互联网这一关，就过不了长期执政这一关。

这样一个从未在人类历史上发生过的快速发展的时代，既为我们增强社会治理前瞻性、精准性、高效性，解决社会治理难题，提供了前所未有的重要机遇，也给社会治理带来新的挑战。机遇需要紧紧抓住，挑战需要认真应对，要不断提高把握发展机遇、应对风险挑战的能力，让“历史机遇”成为历史动力，让“最大变量”释放“最大正能量”。

二、科技发展与我国社会治理的变革

习近平指出，要更加注重联动融合、开放共治，更加注重民主法治、科技创新，提高社会治理社会化、法治化、智能化、专业化水平，提高预测预警预防各类风险能力。要完善社会治安综合治理体制机制，加快建设立体化、信息化社会治安防控体系。党的十八大以来，坚持科技引领、信息支撑，积极运用互联网、物联网和大数据、云计算等现代科技手段，不少地方实现了社会治理的信息化、精细化、立体化和智能化，为百姓安全罩上了一层高科技保护网，大大提升了国家社会治理的精细化、现代化水平。

（一）社会治理信息化

加快信息化基础性制度建设，极大地提高社会治理的预见性、精准性、高效性，为充分运用现代科技改进社会治理手段奠定基石。习近平指出，我们提出推进国家治理体系和治理能力现代化，信息是国家治理的重要依据，要发挥其在这个进程中的重要作用。近年来，统筹发展电子政务，构建一体化在线服务平台，分级分类推进新型智慧城市建设，打通信息壁垒，构建全国信息资源共享体系。有关部门就建立居民身份证号码、组织机构代码、不动产登记、网络实名等制度出台一系列规定，建设国家投诉中心、基础综合服务管理平台，为加强社会治理基础性工作发挥了重要作用。目前，我国公民身份号码的准确性、唯一性目标基本实现。要加快国家人口信息管理系统升级改造，深入推进居民身份证换发、异地办理和指纹信息登记工作，建立户口和身份证信息联网查询比对制度，逐步实现跨部门、跨地区信息整合和共享，确保基础信息全面、准确。国家信访局印发《关于推进信访工作信息化建设的意见》，明确提出了依托互联网建设纵向到底、横向到边的全国网上信访信息系统；全面实现信访工作信息化，全部实现信访业务网上流转，网上信访正逐渐成为群众信访的主渠道。中共中央办公厅、国务院办公厅印发《关于加强社会治安防控体系建设的意见》，在信息网络防控网建设方面要求，建立以公民身份号码为唯一代码、统一共享的国家人口基础信息库，建立健全相关方面的实名登记制度。中央政府出台了《促进大数据发展行动纲要》《积极推进“互联网+”行动的指导意见》《关于加快推进“互联网+政务服务”工作的指导意见》《政务信息资源共享管理暂行办法》等系列文件，针对加快政府数据开放共享、借助互联网技术完善政务服务等作出了部署和要求，加速了相应领域创新变革的步伐。建立国家人口基础信息库，加强人口管理、实名登记、信用体系、危机预警干预等制度建设；健全城乡社区综合服务管理平台，促进公共服务、便民利民服务、志愿服务有机衔接，实现一站式服务。实现城市社区综合服务设施全覆盖，推进农村社区综合服务设施建设。

（二）社会治理精细化

精细化管理是通过规则的系统化和具体化，运用程序化、标准化和数据化的手段，使组织管理各单元精确、高效、协作和持续运行的管理方式。目前，精细化管理已运用到公共管理领域，并向社会治理范畴深度拓展。党的十八届五中全会提出，加强和创新社会治理，推进社会治理精细化，构建全民共建共享的社会治理格局。互联网搭建起一个平等交流的技术平台，网络社会互联互通的特征也为精细化治理带来契机。网络信息平台的共享互通提升了公共管理和服务的可及性与便捷性，不同治理主体的相对优势会突显出来，信息技术则提升了社会治理的准确性和细节性，推动加快向精细化社会治理转型。

网格化的探索实践是社会治理精细化的重要体现，标准化是社会治理和公共服务精细化的关键，有了标准才能使管理者和服务提供者的工作明确化、精准化。实施社会治理标准化，要以制定具体职能管理标准、构建政府职能标准化体系为基础，建立涵盖标准体系、支撑平台与评价机制的公共服务标准化框架，推进政府管理和服务标准化的工作规划。截至目前，中国的国家标准、行业标准和地方标准总数达到10万项，覆盖一二三产业和社会事业各领域的标准体系基本形成。标准化在保障产品质量安全、促进经济发展和社会进步、规范提高管理服务水平、服务公共外交和对外经贸合作交流等方面发挥了越来越重要的作用。《网络安全法》要求以标准体系为指导，推动网络安全防护体系建设，通过强制性国家标准加强核心领域的网络安全保障，以国家标准、行业标准为引导，加强网络空间治理，将网络安全标准化工作置于前所未有的高度。

（三）社会治理立体化

习近平指出，“随着互联网特别是移动互联网发展，社会治理模式正在从单向管理转向双向互动，从线下转向线上线下融合，从单纯的政府监管向更加注重社会协同治理转变”。这“三个转向”，对社会治理立体化提出了新要求。社会治理立体化是适应复杂多变的社会治安形势、提高社会治安综合治理科学化水平的迫切需要。

当前公共安全事件易发多发，维护公共安全任务繁重。近年来，政法综治战线统筹整合信息资源和网络平台，在大数据、云计算、“互联网＋”等现代信息技术的支撑下，将现代信息手段与传统有效做法紧密结合起来，相关部门齐抓共管、社会力量积极参与，推进打防管控一体化、网上网下一体化，形成有机衔接、有效运行的立体化体制机制。中共中央办公厅和国务院办公厅印发了《关于加强社会治安防控体系建设的意见》，要求创新立体化社会治安防控体系建设，全面推进平安中国建设，社会治安防控体系进入国家与社会共建阶段。社会治安防控体系的主体经历了由地方公安机关到国家公安机关，进一步提升到中央政府，再发展到政府主导、社会力量广泛参与的良性互动阶段。公安部联合中共中央宣传部、工业和信息化部、中国人民银行等22个部门组织开展打击治理电信网络新型违法犯罪专项行动，追根溯源，全链条侦查打击，运用信息化、立体化的防控手段对电信网络新型违法犯罪实施有效治理。

（四）社会治理智能化

习近平指出，要更加注重科技创新，提高社会治理智能化水平。社会治理智能化要站在时代潮头，把大数据等现代科技手段与社会治理深度融合起来，为社会治理插上腾飞的翅膀。

把科技革命与机制变革融合起来，将会迸发巨大的创造力。大数据作为国家战略，正日益成为推动国家治理体系和治理能力现代化的核心驱动力。各地探索把大数据、云计算等应用与社会治理创新深度融合起来，推进职能优化、机制变革，提升社会治理智能化水平。

三、科技与风险社会

从科技革命看，随着移动互联网、物联网及大数据、云计算、人工智能的发展，人类生活所经历的一切都在转变。这样一个快速发展的时代，从未在人类历史上发生过。这既为我们增强社会治理前瞻性、精准性、高效性，解决社会治理难题，提供了重要机遇，也给社会治理带来新的挑战。

（一）科技进步带来的风险挑战加大。

工业时代的奥秘是分工，流水线的诞生极大地提升了生产效率；互联网时代的奥秘则是融合，信息互通、资源共享、方法叠加，互联网正在全方位地改变着人们生活的方方面面，既给人们的生产、生活带来了莫大的好处，同时也带来了诸多风险和伤害。科学技术的突飞猛进，使当前社会处于信息化和网络化复杂交织的图景之中，与我国经济转轨、社会转型的背景相叠加，经济社会呈现出加速变迁的趋势，各类矛盾风险交织叠加，各类风险跨界性、关联性增强，社会矛盾复杂程度加深，公共安全风险增多，短期矛盾和长期矛盾叠加、结构性因素和周期性因素并存、传统安全和非传统安全威胁相互交织，我国经济社会发展遇到了许多前所未有的新情况新问题，已经进入风险社会。信息化发展涉及的领域愈广泛、愈深入，信息安全问题就愈多样、愈复杂。当前，面临的最现实安全威胁主要来自网络空间，网络安全的复杂性、影响力远远超过传统安全。当前中国网络犯罪已占犯罪总数的三分之一，并以每年30%以上速度增长。在社会生活全球化和信息传播网络化的情况下，发达的互联网则成了放大器。当今社会的一个突出特点是人口流动的范围和速度不断加大，跨国跨境流动更加便捷，信息化的本质已经突破了原有的国家和地域的限制，如跨国经济案件、刑事案件、恐怖主义和传染性疾病等成为世界性问题。

近几年，网络信息安全事件频频发生，给政府、企业和个人造成很大影响。网络安全和信息化是相辅相成的。从世界范围看，网络安全威胁和风险日益突出，并日益向政治、经济、文化、社会、生态、国防等领域传导渗透。特别是国家关键信息基础设施面临较大风险隐患，网络安全防控能力薄弱，难以有效应对国家级、有组织的高强度网络攻击。

（二）社会治理创新的迟滞

1. 治理理念的迟滞

提升社会治理现代化水平，需要尊重事实、推崇理性、强调精确、注重细节为主要特征的“数据文化”。我国传统文化中推崇直觉、感性思维，习惯对事物进行模糊的归纳，严谨、理性、体系化的实证研究不够。这种思维方式容易导致粗枝大叶、大而化之。

2. 资源共享的不畅

摆在我们面前的各类风险跨界性、关联性增强，必须综合施策、协调配合。尽管，各级政府积极借助新技术改进其治理方式，由于长期行政体制的条块分割，仍然存在政府各部门之间职责不清、责权不明，政出多门的情况，各类政务新媒体平台低水平重复投入、网格化泛化、标准不统一、运营维护不佳、数据安全难以保障等问题，大多数信息资源均处于相互封闭、各自独立的“信息孤岛”状态，很难互联互通和资源共享，许多社会治理举措和社会服务得不到有效落实。此外，也不能过多地强调技术，认为所有问题都可以通过技术监督手段来实现，而忽略了管理主体在社会治理中所应有的作用。

3. 核心技术的差距

我国互联网发展取得的显著成就中，大数据、云计算等技术运用到社会治理，并取得一定的成效。从总体上看，我国科技创新基础还不牢，自主创新特别是原创力还不强。同世界先进水平相比，在很多方面还有不小差距，其中最大的差距在核心技术上，核心技术受制于人是我们最大的隐患。要实现社会治理的现代化，保障互联网安全、国家安全，就必须突破核心技术这个难题，争取在某些领域、某些方面实现“弯道超车”。

四、充分发挥科技支撑的有效途径

为了更好地适应社会形势、适应科技革命大趋势，既善于运用现代科技最新成果破解难题，又善于防范应对其带来的风险挑战，把社会治理提高到新水平，还应对社会治理工作加以进一步的调整与优化。

（一）攻克核心技术，推动社会治理跨越式发展

随着现代技术的迅速发展和广泛应用，我国经济社会生活将发生深刻变化，社会治理的对象、内容、理念和方法等也将发生根本性的变化。当前，我国科技创新已步入以跟踪为主转向跟踪和并跑、领跑并存的新阶段，新一轮科技革命和产业变革正在孕育兴起。要坚持问题导向，从国情出发

确定跟进和突破策略，有所为有所不为，集中力量抢占制高点，攻克高端通用芯片、集成电路装备、宽带移动通信等关键核心技术，争取在量子通信、智能制造和机器人、脑科学等领域能有重大突破，创新区块链、“身份链”等为代表的“治理科技”。科技创新的目的是为了更好地服务于民，要充分利用新技术革命成果提高我国社会治理水平，促进我国社会治理变革的顺利实现。坚持用未来的眼光、创新的思维，进一步找准科技手段服务社会治理创新的切入点，把科技创新与社会治理创新深度融合起来，推进社会治理职能优化、机制变革，提升社会治理的层次和水平。着力推动科技创新和社会治理深度融合发展，以信息化推进社会治理体系和治理能力现代化，更好用信息化手段感知社会态势、畅通沟通渠道、辅助科学决策、保障社会安全、解决社会问题，推动社会治理变革，实现我国社会治理的跨越式发展。

（二）深度整合，加强信息基础设施建设

工业时代的奥秘是分工，那么互联网时代的奥秘则是融合，是信息互通、资源共享。在信息化时代，经济全球化、区域一体化、社会信息化，各类风险跨界性、关联性增强，必然要求深度整合分散的信息资源，加强信息基础设施建设。一是加强信息基础设施建设，强化信息资源深度整合，依托政府数据建立统一共享交换平台，健全区域联动、部门协作、条块互补的机制，促进条块深度融合，构建全国信息资源共享体系。二是优化整合相对分散的社会资源，引导企业、行业协会、科研机构、社会组织等主动采集并开放数据，实现治理资源由“单一分散”向“多元整合”转变。三是更加注重设施联通、信息互通、资源共享、程序对接，线上线下一体互动、相辅相成，增强社会治理系统性、整体性、协同性。

（三）联动融合，开放共治，增强治理合力

社会治理从根本上来说是维护人民群众的利益，如果没有人民群众的

参与，社会治理变革就无法真正实现。互联网大数据的应用，将助推“政府独奏”式的治理转变为各方协作的“社会合唱”，逐步实现多元主体共建共治社会治理新模式。首先，要建立健全联动融合的工作制度机制，设立统一的领导或协调机构，搭建好工作平台，统筹各方资源，搭建专业力量与志愿者、民间组织等公益力量共同组成的“扁平化、开放式”管理服务团队，构建网络状、实时化、多维度的协同治理新格局，形成社会治理工作合力。其次，统筹发展电子政务，构建一体化在线服务管理平台，分级分类推进新型智慧城市建设，更好地服务人民、解决问题。最后，充分利用新技术革命成果来扩大人民群众参与社会治理的途径和方式，推行网络民主、电子民主等，优化治理结构，挖掘和动员新的治理资源，搭建基层社区多元参与民主协商的制度框架，实现公共服务与民生诉求无缝对接、民情民意直接上传，切实解决联系服务群众的“最后一公里”问题。

第四节　源头治理

中国梦的实现需要一代又一代中国共产党人带领人民接续奋斗，新形势下的社会治理更是一项复杂的系统工程，不仅要有坚定立场、正确方向，而且更要有科学方法。党和国家事业之所以能够开新局、谱新篇，根本就在于以习近平同志为核心的党中央坚持辩证思维，坚持实践创新和理论创新，不断丰富和发展马克思主义方法论，全面推进社会治理方式的系统化科学化。

一、创新理念，置于全局中提升治理水平

推进国家治理体系和治理能力现代化是一个复杂系统工程，绝不能单兵突进，必须统筹规划部署，协调推进。努力建设更高水平的平安中国，要自觉地置于经济社会发展全局中来谋划，放到“五位一体”总布局中来

推进，做到经济社会发展到哪个阶段，社会治理就提升到哪个水平；适时调整社会治理考核的内容，做到影响平安中国的问题出现在哪里，社会治理就延伸到哪里。

社会治理理念来源于社会治理实践，又指导实践，引领社会治理方式方法向前发展。一是大局理念，不断深化对党和国家工作大局的认识，不断调整社会治理工作大局，坚持服从服务大局，当前要围绕推进国家治理体系和治理能力现代化，在具体工作中找准服务大局的结合点和着力点，创新社会治理工作机制方法，化解社会矛盾，推进和谐社会建设。二是群众理念，社会治理工作本质上是党的群众工作，要始终坚持以人为本、执政为民，把群众工作理念贯穿于社会治理工作全过程，提高新形势下做好群众工作的能力，积极探索用群众工作理念和方法做好社会治理工作的新途径新办法。三是法治理念，运用法治思维做好社会治理工作，深入研究推进社会治理工作法治化建设问题。四是科学的理念，推动社会治理科学化和现代化，通过建立健全既体现科学理念、科学精神，又具有科学规划、科学规则、科学运作的治理体系，并充分利用现代科学技术进行治理。五是树立以人为本理念，做到治理与服务相结合，在治理中体现服务，在服务中强化治理，通过改善对社会、企业和基层的服务，推动服务治理方式从“治理型”向“服务型”转变。总之，要以“创新、协调、绿色、开放、共享”的新发展理念引领社会治理创新，提升全民共建、共享、共治的能力和水平，更好地服务于社会与经济协调发展、城乡区域协调发展、物质文明和精神文明协调发展，全面提升社会治理能力和水平。

（一）开放共治，增强社会治理的合力

在经济全球化、区域一体化、社会信息化背景下，各类风险跨界性、关联性增强。因此，部门、地区、组织之间需要协调配合、开放共治。各地区各有关部门要建立健全工作制度机制，必须摒弃本位主义，统筹各方资源，注重设施联通、信息互通、力量统筹、资源共享，注重程序对接、

工作联动、地区协作、条块互补，增强社会治理系统性、整体性、协同性，形成社会治理工作合力。

完善社会治理主体和职能，形成一元主导、多方参与的合作共治格局。坚持党政主导，依法行政，大量的社会性事务和服务性功能交由社会组织和社会大众来承担。积极发挥各种社会力量的作用，加快事业单位的分类改革，引导和强调企业承担社会责任，注重发挥人民团体和行业协会在社会治理和公共服务方面的重要作用，发展壮大承接政府购买社会服务的社会组织。推动加强城乡社区群众自治组织建设，健全以群众自治组织为主体、社会各方广泛参与的新型社区治理体系，把城乡社区建设成社会治理的基础平台。

（三）多措并举，推进社会治理科学化

社会治理现代化和科学化的实现要更加注重综合运用、创新融合，更加注重民主法治、科技创新，提高社会治理社会化、法治化、智能化、专业化水平。第一，要切实发展社会主义民主，扩大公民理性合法有序的政治参与，不断完善网络民意收集机制、协商互动机制，努力凝聚社会共识，提高社会治理的社会化、法治化水平。第二，必须加快社会治理领域立法，适时修改和完善相关法律法规，形成科学完备的社会治理法律体系，进一步健全社会治理的法律法规，更加注重运用法治方式，推动把利益诉求纳入法治化轨道，提高社会治理效能。第三，要注重科技创新在社会治理中的运用，发挥网络技术、大数据分析等新技术在社会治理中的作用，打破基于权力所形成的各种利益固化的体制壁垒，统筹网络资源，统一标准，开放共享，提高社会治理智能化水平，提高预测预警预防各类社会风险的能力。第四，更加注重基础性制度建设，健全信用管理制度，建立健全信任机制和责任机制、强化评估监督机制、完善信息交流机制，构建透明运作型的社会治理模式，为建设诚信社会、提高社会治理整体水平提供支撑。

（四）系统总结经验，加强顶层设计

目前，中国的改革和发展进入深水区，形势错综复杂，困难层出不穷，问题盘根错节，需要以更宽的视野、更大的智慧、更精的技能来治国理政，驾驭复杂局势、处理复杂问题。党的十八大以来，党中央重视学好、用好马克思主义基本原理，坚持运用辩证思维，坚持顶层设计和具体实践相结合，通过精准研判实际，把握发展新趋势，不断推进社会治理的科学化和现代化。习近平强调要不断增强辩证思维能力，提高驾驭复杂局面、处理复杂问题的本领。加强辩证思维、战略思维、底线思维，不断提高解决我国改革发展基本问题的本领。发挥中央顶层设计和地方具体实践相结合的优势，要通过深入调查，系统总结地方经验并加以提炼，完善社会治理创新的顶层设计，建立起适合我国国情的社会治理方式方法。

治理理论是一个舶来品，要在中国发挥作用，需要将其中国化，建立起适合我国国情的社会治理方式。我国各地情况千差万别，改革过程中被实践证明的一项成功做法，就是注重总结地方经验。总结社会治理的经验要以现实为基础，特别是要以实践经验为基础，不是从头再来，不是“另起炉灶”，不是搞“两张皮”。用好传统手段，作为东方经验，应充分发挥诉讼调解与大调解机制的优势，充分发挥调解这一具有中国特色的纠纷解决制度的独特作用，依法妥善化解矛盾纠纷。

第三章　城市社区治理的创新发展

城市化动力来自三个方面：一是城市自身的人口增长；二是城郊农村城市化；三是大量农村人口进城务工经商、居住生活，而且以后者为主要。城市化进程加快是社会主义市场经济发展的结果，也推动了市场经济的进一步发展。在此过程中，城市经济社会结构发生了很大变化，传统的社会治理模式难以适应不断发展变化的城市形势，从20世纪80年代起，我国政府和基层群众就在不断探索新的城市治理模式。我国城市社会治理模式的变革最主要地体现在城市社区治理模式的发展变化上。

第一节　社区的定义与构成要素

一、城市社区的内涵

社区是一个外来词，由英文“community”翻译而来，本意是“共同体”。经过长期的演变，社区含义相对固定下来，主要包括两个方面的意思：一是“社”；二是“区”，是“社”和“区”的结合。社是指社会，即有一定联系的人群的集合。社区是社会的重要构成部分，是较为基础的社会。社会由个人、家庭、社区和社会组织等不同层次的要素构成。“区”是指地理空间，即一定的区域范围。因此，所谓社区是指特定区域内一群有联系的、有相同归属感和认同感、较为密切接触和互动的人们的集合。

中国城市社区一般是指城市居民委员会的管辖范围。中国城市分为直辖市、副省级城市、省会城市、地级市、县级市等多个行政层级；从地域看，有沿海发达地区的城市，也有中西部地区的城市。不同行政级别、不同地域的城市在人口规模、资源获取能力、经济发达程度上有较大差异，城市内部的社会治理要求也存在差别。城市政府管理架构主要有两种类型：一种是设区的市；另一种是不设区的市。设区的市，通常是三级政府、四级管理，即市、区、街道办事处（政府派出机构）和居民委员会。通常情况下，无论人口规模大小，县级市不设区，县级市辖若干镇，通常城关镇人口最多、经济最发达、社会事务最复杂，镇下面再设居民委员会，是两级政府、三级管理。

在计划经济时期，中国大部分城市人口工作和生活在各种单位里，单位是社会治理的主体，也是社会治理的主要载体，少数没有单位的城市居民被纳入街道办事处和居委会这种社会治理体制中。那时，中国城市基层社会治理体制的特点是单位制加街居制，以单位制为主导。在单位制和街居制下，居民来自同一个单位和居委会，同质性强、熟悉程度高，单位和街居掌握居民生产和生活的绝大部分资源，对居民的控制能力强，居民对单位和街居的认同度高，依赖性大，同一单位和居委会的人们互动性较强。以三级政府或二级政府为主导，以单位为主体，以街居为补充的城市社会治理体制适应了当时计划经济的特点和要求。

二、城市社区服务

随着单位制的解体、政府职能的转变、现代企业制度的建立和城市化的发展，城市社会治理体制发生了巨大变化。在这一急剧变迁过程中，城市社区建设开始受到人们的高度重视。中国城市社区治理起步于社区服务、社区建设和社区发展。

20 世纪 80 年代初，民政部提出“社会福利社会办”的思想，这是对“社会福利单位办”的替代，街道和居委会的作用越来越突出。街道办事处承担着城市管理、社区服务、发展经济、优抚救济、社会治安、文教卫生、计划生育、司法调解、群众生活等数十项任务。居民委员会依法开展精神文明建设、社区服务、办理本居住区的公共事务和公益事业、调解民间纠纷和协助维护社会治安，以及公共卫生、计划生育、优抚救济、青少年教育等工作，为全面启动社区建设奠定了基础。

第二节　中国城市社区治理的基本经验

一、中国城市社区治理的成效

中国城市社区治理取得了积极的成效，能够较好地适应城市社区发展变化的新形势，满足居民日益增长的多样化需要，促进了社区和谐稳定，为社会治理奠定了良好的社区基础。

一是方便了居民生活。各地社区治理实践中，坚持以人为本、服务为先理念。首先，加大为居民服务的工作力度，着眼于方便社区群众，改进服务方式，建立社区家政服务中心、政务服务中心、社区“四点半课堂”，开展“为老”“为小”“助残”等爱心服务；其次，加大资源投入，在社区建立便民商店、“爱心超市”，建设社区居民活动中心，为社区居民交流、娱乐提供公共平台。绝大多数住宅小区都按标准留有公共用房，作社区居民读书、娱乐甚至办理“红白喜事”的场所。

二是美化了社区环境。所谓社区环境主要是指社区公共场所的设施条件、物品摆放秩序、清洁状况等。在街道办事处、镇政府的支持下，在居民委员会的努力下，通过物业公司、业主委员会和居民的共同参与，现在绝大多数社区的道路得到很好的规划、整修，公共场所建设安装了体育健身和儿童游乐设施，环境卫生有专门的保洁人员定期清理，小区绿化、亮化和美化工程也不断跟进。城中村社区、老城传统社区和城市边缘本地—外来人口混合居住社区，以及农转非社区通常社区环境治理欠账较多，各地基层政府和社区组织近年来加大了这方面的工作，例如，对城中村环境进行挂账整治，加强对违章建设的整治；创新治理模式，对老旧小区环境治理，整修道路、路灯、停车位等公用设施，加强绿化和保洁，取得了明显的成效。

三是丰富了社区文化。社区文化在一定意义上也是社区环境的一部分，是社区的软环境。社区文化是社区公共服务体系建设的重要内容，丰富社区文化一直是社区服务、社区建设直至社区治理的重点任务。相当一些社区建立了图书室、阅览室、文化活动室，组织开展形式多样的文体活动，例如，开展棋牌比赛、广场舞培训和练习。积极发展社区教育，创新社区教育学习载体和形式，因地制宜利用社区智力资源、硬件设施，开展书法培训，举办常用法律、养生知识、家政服务等方面讲座，开展互联网应用技术培训等，推进学习型社区建设，满足人们日益增长的精神文化和强身健体的需求，进而培育人们的社区认同感和归属感，强化社区主人翁意识，引导居民积极参与社区活动。

四是维护了社区秩序。各地积极建立和完善社区居民利益表达机制，一些地方探索建立党代会代表、人大代表、政协委员联席社区制度，完善党员干部直接联系群众制度，引导群众理性合法表达利益诉求。建立矛盾纠纷调解处理机制，深化矛盾防范化解和平安社区建设，做到“小事不出村、大事不出镇、矛盾不上交”，努力实现“矛盾不上交、平安不出事、服务不缺位”。各地积极推进平安社区建设，依托社区综治中心，拓展网格化服务管理，加强社区治安防控网建设，深化社区警务战略，有效提升了社区治安综合治理水平，防范打击了黑恶势力，保障了城乡居民的安全。

五是奠定了治理基础。社区治理的实践探索为推动更大范围、更深层次的社会治理积累了经验、奠定了基础，也为社区治理和社会治理的理论发展提供了源泉。首先，社区治理的组织体系不断完善。社区治理组织体系包括社区党的组织、社区自治组织、物业公司、业主委员会、各类社会组织及驻区单位等。社区党组织在社区组织体系中居于主导地位，是加强和创新社区治理的组织保证和重要力量。社区自治组织和各类社会组织是社区治理的主要组织形态和依靠力量。在社区组织体系建设上，一直以来有两种取向，即

“基层政权建设”取向和“基层社会发育”取向。两个过程持续双向互动，社区基层政权建设的目标是通过政权重心下沉，加强对基层社会的管理；而基层社会发育过程中，社区居民逐渐形成新的资源汲取、获得机制与利益表达机制。在这两个过程中形成了不同的行动主体，两大行动主体既博弈又合作。在治理模式上由以往的“街居制”下单一主体管理模式，逐步向新型的社区既有他治又有自治，既有竞争又有合作的“共治”模式转变。其次，不断改进工作方法。以人为本、依法管理、综合施策的原则逐步得到贯彻。重视源头治理、多元治理，充分发挥人民调解、司法调解、行政调解等的作用，通过思想道德、居民公约、自治章程、沟通教育等方式，寓管理于服务之中，实行人性化和柔性化管理。利用专业社会工作方法进行公共服务和社会矛盾纠纷调处。发挥警官、法官、检察官、律师、公证员、基层法律服务工作者作用，深入开展法治宣传教育和法律进社区活动，社区依法办事能力和法治社区建设水平得到增强。发挥现代科技在社区治理中的作用，积极探索信息化和网格化管理方法，通过建设智慧社区、数字社区、社区信息平台，及时发现社区的问题和矛盾，及时给予解决。党的十八大以后，社区治理的智能化、专业化、精细化和法治化水平进一步提高。

二、中国城市社区治理的经验

社区治理实践取得的成就，得益于各地干部群众在国家政策推动下，结合实际改革创新。在此过程中，形成了一些宝贵的经验。

一是统筹管理与服务。社区治理不仅需要管理，更需要做好服务，在服务中实现管理，在管理中加强服务。一方面，各地加强社区治理力量建设，充分利用信息技术手段，加强治安的人防、物防、技防，创新社会矛盾化解方式，加强对重点场所和人群的服务管理，推行社区网格化管理；另一方面，把为社区居民提供和改善基本公共服务作为创新治理方式的前提条件和重要手段。各地加大对社会服务的投入，建立社区居民服务中心、便民服务中心，使社区有钱为群众办实事，有人为群众解难事。不少地方开始建设社区信息亭、社区信息服务终端等公益性信息服务设施，推进社区公共服务综合信息平台建设，推进一号申请、一窗受理、一网通办，强化“一门式”服务模式的社区应用。

二是统筹民生与民主。各地社区努力帮助社区居民解决一些民生问题，例如，生活服务、养老托幼等，但是，大多数地方的财力有限，因此，要分清轻重缓急分步骤解决。涉及社区治理的一些公共事务处理，例如，环境治理、公益活动的开展等，都需要尊重社区群众的意愿，听取他们的意见，进行民主决策、科学决策。一些地方把民主和民生结合起来，以民主促民生，让居民参与民生和社区公共事务讨论，发动群众献计献策。群众参与民生和社区事务决策，既是集中民智、优化决策的过程，也是保证民生和社区事务得到群众理解和支持的途径。2015 年 7 月，中共中央办公厅、国务院办公厅印发了《关于加强城乡社区协商的意见》，要求发展基层民主，畅通民主渠道，开展形式多样的基层协商，推进城乡社区协商制度化、规范化和程序化。

三是统筹德治与法治。21 世纪以来，各地在社区治理创新实践中，努力推动依法治理，用法律规范和约束公职人员的行为，保障人民群众的合法权益；加强对包括社区居民在内的普通群众的普法教育，教育群众遵纪守法，履行公民义务，做守法的公民，引导群众依法维护自己的权益，依法有序表达利益诉求、参与公共事务。同时，重视思想道德在社区治理中的重要作用，在社区居民中倡导文明新风，进行“文明户”和“好人好事”评选，树立道德榜样，引导社区居民形成正确的是非、善恶、美丑观念，培育自尊自信、理性和平、积极向上的社会心态。

四是统筹维权与维稳。随着社会的开放进步，越来越多的领导干部深刻认识到，维护好群众的合法权益是实现社会长治久安的根本所在。在社区治理创新中，各地从尊重和维护群众的知情权、参与权、表达权、监督权入手，积极探索开拓居民诉求表达渠道，畅通民意反映机制，发挥基层群众自治组织、各类社会组织在维护居民权益中的重要作用。居民合法权利的维护和实现，是促进社区和谐稳定的重要保障，也是激发社区活力、推进社区发展进步的重要保障。

五是统筹党政主导与社会参与。社区治理说到底是包括政府在内的多种社会主体对社区需求、社区关系的服务、调节、监控和管理。因此，社区治理既需要加强和改善政府的社会管理，同时也要扩大和改进政府之外的多种社会主体的社会参与。不少地方改革街道办事处体制、街居体制，扩大居民自治，培育和壮大社会组织，使其有能力承担政府转移的一些社区治理责任。党的十八大以来，在构建多方参与的社区治理体制的同时，各地普遍加强社区党的建设，进一步强化党在社区治理中的领导核心作用。

六是统筹体制改革与方法创新。一定的治理体制决定了治理方法可以发挥作用的范围和幅度，而恰当的治理方法则可以放大科学合理的治理体制的积极作用。各地努力理顺街居关系，设立社区工作站，减少街道对居民自治组织的行政干预，减轻社区居民委员会的行政负担，强化居民自治。鼓励和支持居民委员会依据社区工作事项清单建立社区事项准入制度，为社区群众自治组织减负增效。实施“互联网 + 社区”行动，利用现代科技手段采取社区治理基础信息，运用社区论坛、微博、微信、移动客户端等新媒体，引导社区居民密切日常交往、参与公共事务、开展协商活动、组织邻里互助，探索网格化社区治理模式。

第三节　中国社区治理的典型模式

社区社会治理无疑是社会治理的一项基础性工程。因此，总结各地方的优秀经验与先进做法的模式与特点，归纳及总结多维度与一般性结合的社区社会治理实践模式具有重要意义。具体来看，社区社会治理一般包括以下四个方面：社区自治、社区扩权、社区社会工作、社区营造。

一、社区自治

尽管当前社区治理仍具有行政化的问题，但社区自治化已是不可忽视的一股力量。社区自治是与国家自治、地方自治相对应的第三个层次的自治力量，它反映了中国从总体支配社会走向技术治理社会过程中，对底层的自由空间与流动资源的开放与包容，是将国家的部分权力与职能转移给社区自治机构的一种社会治理路径。

首先，农村社区自治符合相关法律规定与法律精神，是促使社区社会治理走向法治化的必要途径。《中华人民共和国宪法》确立了村民自治格局及其政治地位，规定全体村民有权参与该社区的公共事务的治理。同时,《中华人民共和国村民委员会组织法》有关条款也规定了村民自治的权利一方面可以通过村民大会直接开展，另一方面可以通过直接投票的方式委托村民委员会代理执行与决策。

其次，城市社区中探索的协商民主有利于提高居民的公共事务参与水平，培育基层社会治理的集体意识与政治技能土壤。受社区行政化影响，一方面部分街道办事处与居委会变成了国家利益代理人而非居民利益的代言人，另一方面社区中仍存在相当一部分的群众政治生活参与程度有限、政治热情不高的现象。为此，温岭等地区探索的协商民主充分认识到现实困境，并通过积极锻造社区共识、充分广泛吸纳居民讨论，合理权衡社区公共资源的基础进行投票选举，从而扭转了行政化的问题，以及群众政治冷漠问题，使得社区自治既重选举也重治理，既重参与也重领导。

二、社区扩权

鉴于我国街道制度带来的行政层次过多、居民自治不足的问题，部分地区已开始探索强社区的行政治理体制改革。

我国部分地区取消街道的大社区模式增强了社区自治水平与力度，上移了经济职能等与居民切身利益及日常生活关系不大的职能，下沉了计生人口、民政救助等职能，充实与丰富了社区的社会自治能力范围，大大提升了居委会的社区治理与公共服务的可及性与决策权。

以发展社会工作者与培育社会组织对社区进行扩权的模式中，政府一方面强化街道的行政职能，同时引进专业化程度较高的社会工作者队伍，培育面向家庭、扎根社区、服务居民的专门性社会组织，平衡行政与自治力量，由此从两个方面对社区进行扩权。

在一些社区治理实践中，首设了街道级的社区，配全配齐社区的内设机构与治理职能，同时建立了一套居民代表会议等自治部门机构与体制机制，在日常活动与事件活动两个方面打造服务社区的治理力量，构建了完善的社区自治工作体系。

三、社区社会工作

社区社会工作也称为社区工作，是一种以整个社区或大多数社区成员为服务对象，通过社会工作的专业方法进行助人的系统化活动。20 世纪 60 年代，美国社会工作教育课程委员会正式认可社区工作，从此，它与个案工作、小组工作并列为社会工作的三大基础方法。但在社区工作领域，从实践角度来看，社区工作常与社区组织、社区发展一起解释。具体来看，社区工作主要包括以下三个方面的实务模式：

第一，地方发展模式。这种模式倾向于通过社会工作者有意识地挖掘与培育当地的意见领袖等有声望、有动员能力的人士，鼓励其关心当地的社会问题，形成有领导核心、有组织力量的地方发展团队。这种模式主要用于社会政治背景稳定，社会关系结构单一，社区分化不严重、文化认同感较强的社区。

第二，社会策划模式。这种模式往往与专家政治相结合，强调社区发展中的知识复杂性及知识的运用。社会工作者更强调专家对于当地利益相关者格局的超越与解困。这种模式的观点认为，在复杂的社区格局中会出现有损失的嵌入性现象，也就是说每个利益相关者都可能因社区决策而面临着利益损失。因此，必须形成一套有计划、有方法、有谋略的专业发展方案。一般来说，这种模式主要用于利益结构复杂、发展谋略要求较高、当地知识水平适中的城市社区。

第三，社区行动模式。这种模式一般是以局内人的视角开展社区工作。它鼓励社区居民自发组织，发现社区问题，组织研讨力量，提交解决方案，向政府等有关治理部门提交方案，向新闻媒体呼吁关注，找意见领袖代其发言。因此，这种模式具有一定的激进性，也更具有草根性。社区行动模式常运用于官民关系紧张、社区官僚化严重、居民权利意识较强的社区，它更关注社区的非正义、不平等等现象。

四、社区营造运动

社区营造与社区社会工作不同，社区营造更注重的是社区的能力建设与资产培植。社区营造作为20世纪90年代以来的社会运动浪潮之一，在英国、加拿大，以及中国台湾地区已广泛开展。近年来，上海、海南等地区也逐渐有了社区营造的尝试。

在英国，社区营造是自上而下推动的社会政策行动。英国政府与反社会排斥委员会（SEU）发起了“社区复兴运动”，成立了将近20个专责领导与行动小组，围绕社区贫困问题进行了诸多维度的探索与尝试。

在犯罪预防方面，英国政府通过青少年司法革新试点方案建立社区矫正体系与监护体系，发动当地居民共同监督与预防犯罪。在教育培训方面，英国政府建立了数以千计的社区网络中心、公共图书馆、社区学习中心等基础设施，提升社区居民知识文化水平，避免知识性的社会排斥。在医疗卫生方面，英国政府将年度预算中医疗卫生开支的大部分用于改善基层医疗卫生条件。政府一方面通过提高待遇水平、改善工作条件留住基层医务人员，另一方面重新制定绩效考核指标体系，缓解医疗卫生不平等现象。

20世纪90年代以来，台湾兴起的社区营造运动，主要通过以下三个方面开展：

第一，社区自发。社区营造运动一般是问题导向，这说明当地居民已经对社区发展阶段及其问题具有了较明晰的认识，知道解决当下问题的必要性。在社会自发过程中，“能人”起到重要的作用，他们能够有效地利用关系网络与地方声誉发动群众，投入社区营造。第二，政府诱导。对于社区营造运动，政府往往会给予一定的政策空间，主要是通过贷款的方式进行直接帮扶。第三，NGO 帮扶。台湾现已形成一批支持社区营造的基金会，比如新故乡基金，他们会甄选社区营造方案，同时组织专家设计社区营造方案，谋划打造社区特色品牌。

总的来看，在台湾的经济规划中，未来的重点行业例如精致农业、观光旅游、健康医疗等都与社区营造有关。社区营造运动已经产生了积极且广泛的社会影响力，逐渐影响到经济发展与政策设计。

第四节　中国城市社区治理的问题与出路

一、中国社区治理的问题

尽管中国社区治理进行了积极的实践探索，取得了良好的效果，积累了不少宝贵的经验，但是，与城乡居民不断变化增长的需求相比，仍然存在不少问题。

一是社区范围模糊不清。社区是指聚居在一定地域范围内的人们所组成的社会生活共同体。城市社区的范围，一般是指经过社区体制改革后做了规模调整的居民委员会辖区。因此，城市社区一般与居民委员会高度同构，很多时候人们把居民委员会称为“社区居民委员会”。根据《中华人民共和国城市居民委员会组织法》，居民委员会根据居民居住状况，按照便于居民自治的原则，一般在 100 ~ 700 户的范围内设立，一般包括地理位置相近的几个住宅小区。随着社区概念的兴起和对居民委员会（以下简称“居委会”）概念的替代，社区的范围不断调整和扩大。20 世纪 90 年代末，在探索城市社区建设思路的过程中，天津、南京、青岛、沈阳、武汉、西安、哈尔滨等城市，把社区规模定位在城市基层自然形成的地域。一般按照 1000 ~ 2000

户的规模，对居委会的管辖范围进行调整。随着城市化的发展和外来人口的增多，城市社区居民委员会管理的住户数量和人口数量越来越多，幅度越来越大，尤其是大城市、特大城市和超大城市社区居民委员会所管辖的实际人口一般都在数万人，现有的社区工作力量难以完成繁重的社区治理任务。

二是社区居民参与不足。参与社区治理的群体一般以老年人为主，青年人参与较少。各种调查显示，参与社区治理多数是领取福利的老年人，社区参与更多表现为一种隐性交换关系：老年人参与社区事务的一个前提条件就是优先考虑给予他们各种社区福利。青壮年居民对社区活动缺乏兴趣，无论是选举还是社区其他各类活动都不愿意参加。各种社区问题他们更多的是找物业，通过市场化渠道解决，而且这种解决方式往往比社区效率更高。但是，在一些新型物业小区，一些业主出于私利，竞相争选业委会，彼此之间形成较大的矛盾冲突，甚至引发小区里的业主精英群众的分裂和准派系斗争。

三是承担太多行政任务。社区居委会名为自治组织，实际上仍然被上级行政机关当作它们的“腿”和下属机构。特别是随着基层治理体制改革，街道办事处内设机构调整、合并，以及社区范围扩大以后，社区的工作量大增，承担了很多干不了、干不好、不该干的工作。社区工作中有“六多”：考核项目多、机构牌子多、指派任务多、各类会议多、台账资料多、统计报表多，有的社区考核项目多达近 260 项，有的社区加挂 80 多块牌子，有的社区需要做的台账有 250 多种，严重挤压社区组织的自治空间。社区居民委员会要办理社区范围内的公共事务和公益事业、调解民间纠纷、协助维护社会治安，还要发展公共事业和各种合作经济、协助基层政府完成公共服务事项，其中包括承担大量的党组织建设、纪检监察、新闻宣传等工作，承担楼宇经济、商业特色街、商业示范社区、社会单位节能减排、检查施工工地和门面房装修场所、城市防汛设施检查和维护等工作。面对目前复杂多样的社区治理形势，作为基层自治组织的居民委员会的能力素质和水平也有些力不从心。从居委会的人员构成来看，大多是下岗退休、回迁户农民等人员，不少家庭经济比较困难，专业性较弱。除上海等少数地方外，大多数地方社区居委会人员职业晋升渠道不畅，特别是对一些中青年社区居委会骨干来说，影响其工作的积极性、主动性和创造性。

四是政社互动不畅。社区之所以承担大量的行政事务，重要原因是社区治理主体单一，社区虽然被定位为自治组织，但是，更多时候还是政府在唱“独角戏”，不鼓励、不支持甚至压制社会组织发展，社区自治组织和其他社会组织发育不足、活力不够，社区多元治理的格局难以形成。即使社区里有少量公益服务类、兴趣爱好类社会组织存在，其参与社区治理的渠道也十分有限。基层政府不善于用购买服务的方式引导和支持社会组织参与社区治理。很多时候城市社区治理仍然是政府管制型，行政力量过于强大，社区自治和社会组织力量弱小，政社之间难以良性互动。

五是社区缺乏服务和管理资源。现在不少城市基层社会治理体制和资源配置存在“头重脚轻”的现象。笔者在南方某大城市调研发现，从街道办事处到小区（有可能形成真正意义上的社区）一共有四个层级，即街道办事处、社区工作站、社区居委会和小区与驻区单位等不同层级。大量的人力资源、财政资源、物质资源都掌握在上层，“上面千条线下面一根针”，工作要社区完成，但是，却不给社区提供相应的资源保障。一些行政部门把资源控制在自己手里，而工作却要社区完成、责任要社区承担。不少区直部门以某项工作进社区为名，将职能延伸到社区，让其承担大量额外的行政工作而没有相应的工作经费保障。上级职能部门执法性工作也下派社区，而社区并没有这样的权力、设备和人员。

六是社区政策和评价标准针对性不足。不同类型社区由于所处地理环境、基础设施、人口结构、社会需求、资源禀赋等差异较大。一般来说，大城市的社区类型更加复杂多样。在北京，有老旧小区、单位大院、普通商品房小区、高档住宅小区、经济适用房社区、廉租房社区、棚户区改造社区、回迁及安置房小区、城中村社区、失地农民集中居住区、外来人口聚居小区、少数民族聚居区、外国人社区。自20世纪90年代中期开始住房商品化改造以来，居民居住条件得到显著改善，城市面貌也发生了巨大变化，各类商品房社区成为北京市当前城市社区的主要形态。但是，商品房社区在治理中存在着诸多问题和挑战。第一，很多商品房社区面临基础设施老化、公共设施破损不足等情况，各项维修都需要资金支持。理论上讲商品房社区有公共维修基金，但该基金怎么使用是个问题；第二，商品房社区共有产权部分权益纠纷问题。现在多数商品房社区没有成立业主委员会，小区业主共有产权的行使受到限制，属于业主共有产权的公共服务用房、车位、地下空间多由物业代管，广大业主无法监督，更不要说收益处置。再如，老旧社区住户大多为弱势群体，而高档商品房小区居民则大多为政治、经济、文化方面的成功人士，这两类社区的治理要求和治理能力相差甚远。现在绝大多数城市对不同类型的社区治理绩效不是分类要求和考核，不是要求因地制宜、分类施策，而是用一把尺子去衡量不同类型的社区治理效果，难以达到激励先进、鞭策后进的目的。

七是社区建设中重“区”轻“社”。国务院办公厅印发了《关于社区服务体系建设规划的通知》(以下简称《通知》)，提出一要发展多层次、多样化的社区服务，二要完善社区服务设施网络，三要加强社区服务人才队伍建设，四要推进社区服务体制机制创新。《通知》还提出要重点推进社区公共服务设施建设工程、社区服务人才队伍建设工程和社区服务信息化建设工程。这些年来，城市社区的硬件建设得到了加强，社区服务能力增强。但是，相比之下，社区居民之间的交往交流却很少，一个楼门里住户对面不相识、不往来，社区人际关系冷漠，人们习惯“躲进小楼成一统，管他冬夏与春秋”。人们的社会关系建设和社会资本积累滞后，社区文化和社区精神培育不够，居民对社区的认同感、归属感和参与度不高，社区凝聚力不强。

八是相关政策法规保障不力。虽然，近几年我国社区治理受到前所未有的重视，迎来了一个立法高峰期，各类相关政策文件纷纷出台，但是，也面临一些基本性法律制度滞后、缺失的问题。例如，《城市居民委员会组织法》出台已将近 30 年，至今没有重新修订，已经严重滞后于实际发展，不能适应社区治理的需要。业主委员会作为一个新兴自治组织，尚缺乏专门的组织法予以规范和保障。由于业主委员会缺乏法人主体资格，一些成立业主委员会的小区，普遍面临运作难、换届难、备案难等一系列问题。而且业主委员会常常被少数人操纵，成为个人牟利的工具。一些街道和社区对业主委员会认识不够，监督指导流于形式，为避免引来麻烦，甚至采取回避放任态度。物业管理作为一个新兴行业，相关配套政策法规有待进一步完善。社会工作者和社区工作者作为社区治理的重要专业队伍，尚缺乏国家层面的专门法律予以保障。

二、中国城市社区治理创新的思考

中国城市社区治理中存在的诸多问题，既有陈旧的行政管制思维的原因，也有社区自治力量不足和参与渠道不畅的原因，但更主要的还是人们对开放、流动、住房商品化状态下城市社区治理的规律和特点缺乏准确认识，没有找到有效的社区治理办法造成的。计划经济时期城市通过“单位制”垄断资源、运用行政管控方式达到社会治理的目的。在工业化、市场化和城市化过程中，异质性大为增强的现代城市社区治理模式必须转型和创新。今后各级党委政府要立足中国国情，特别是各地发展的阶段性特征和具体情况，借鉴国内外有益经验，坚持以人民为中心，解放思想、鼓励创新，探索中国特色的城市社区治理之路。

一要强化社区党建工作。党的领导是中国特色社会主义制度的本质特征，也是中国特色社会主义的最大优势。城市社区治理必须坚持党的领导，确保社区治理沿着正确的政治方向前进。要强化党组织建设，全面贯彻落实党建工作责任制，健全党建工作长效机制，确保党的建设各项工作落到实处。要创新党建工作方法，增强社区党组织的凝聚力和战斗力，发挥好党组织在社区的统领作用，为社区各类组织参与社区治理搭建组织平台，体现党组织的核心和引领作用。社区党组织的工作应该建立在社区党组织牵头、驻区单位党组织参与的双向承诺、双向监督的协调机制之上，明确规定各方党组织在社区党组织共建工作中的职责。驻区单位党组织在社区党组织的指导下教育引导本单位的党员积极参与社区活动，共同推动社区党建工作。制定社区党建工作联席会议制度，建立各方党组织之间的定时沟通机制，共同研究解决社区党建工作中出现的问题。

二要创新社区治理体制。首先，要准确定位街道办事处的职能，合理设置街道办事处内部机构，处理好街道办事处与相关部门的关系，处理街道办事处与社区各类组织的关系。应强化街道办事处的公共服务和社会管理职能，减少直至完全取消其经济职能，进一步发挥其统筹协调的功能，构建定位准确、权责明确、资源和服务下沉、行为规范、协调有力、运转高效的基层治理体系，为社区居民自治提供有力的行政保障和宽松的环境。其次，要加大社区居委会去行政化的力度，还社区居委会的本来功能，让其回归基层群众自治组织的本位。当然，自治并不是脱离党的领导和行政指导，而保持其相对的独立性和自主性，平衡好“对上”与“对下”的关系，兼顾好行政性和群众性。再次，要创新居民参与社区治理的载体和方式，拓宽社区居民参与社区治理的渠道。最后，还要积极培育和发展社区社会组织，壮大社区治理的依靠力量。

三要加强社区人才队伍建设。社区治理需要一批热心社区事务、有精力有能力为社区居民服务的干部和人才队伍。首先，要加强社区工作者队伍建设。社区工作主要指社区党委、社区居民委员会、社区工作服务站的工作人员，也即通常所说的社区干部。他们在社区治理中承担着重要的任务，发挥着重要的作用。但是，社区工作者队伍的工作状况和素质能力与其扮演的角色不太相称，存在着角色定位不明、工作意识不到位，年龄、性别和知识结构不合理、薪资待遇低、社会地位尴尬、人员流失严重、专业化程度欠缺、缺少激励保障和培训机制等方面的问题。因此，需要完善社区工作者的选拔使用机制，明确社区工作者的职责范围，提高人员待遇，建立健全激励保障和培训机制。其次，要加强社区专业社工队伍建设。由于社区居民服务需求的多样化、个性化和高级化，传统的社区服务管理模式已经难以满足新的要求。运用社会工作者队伍的专业化、职业化、规范化、人性化手法提供高质量的社区服务和管理势在必行。近几年来，国家开始有意识地推动社会工作者队伍建设，推动专业社会工作者进社区，取得了一定成效，但是，总体状况并不理想。社会工作者队伍总量仍然较少、经验不足，社区没有相应的工作平台让专业社工发挥作用，人才流失严重。因此，需要进一步创新社区社会工作体制机制，优化发展环境；进一步拓宽社区工作专业服务平台，增强服务效能；进一步分类推进社区工作服务，提高精细化服务水平。最后，要注重发挥退休老干部、老劳动模范、老党员、老教师、老法律工作者等社会贤达的作用。

四要提高社区服务供给能力。政府要加大社区公共服务体系建设的力度，健全社区服务机构，编制社区公共服务指导目录，加大资源投入和保障，做好劳动就业、社会保障、卫生计生、教育事业、社会服务、住房保障、文化体育、公共安全、公共法律服务、调解仲裁等公共服务事项，提升社区医疗卫生服务能力和水平。加强社区信息化建设，提高社区信息化水平。通过税收优惠、场地支持、配套资金、服务保障等方式，引导和支持各类市场主体、各类社会组织参与社区服务，为社区治理提供多样化的资源和服务。社区要探索建立社区公共空间综合利用机制，合理规划建设文化、体育、商业、物流等自助服务设施。

五要推进社区治理法治化。一是在修改完善现有法律的基础上，加快社区治理方面的立法工作，阐明社区的内涵、范围，对社区治理的任务、体制机制、资源保障等作出规定，对不同社区治理主体的法律地位、相互关系明确界定，建立健全社区治理法律体系。要尽快明确社区成员代表大会、社区协商议事会、社区管理委员会等其他社区自治组织形式的法律地位，加强对社区公共服务、社区环境管理、社区卫生服务管理、社区文化建设、社区教育、社区纠纷解决、社区建设经费保障、社区工作者队伍建设等多个方面和多个环节工作的法律保障。二是提高社区治理相关法律的权威性和约束性。现在很多与社区治理有关的法律还主要表现为部门规章和地方性法规，法律位阶不高、权威性不够，很多法律法规只是倡导性、宣示性的软法，缺乏强制性和惩戒性，导致一些法律法规得不到真正有效实施。

六要培养社区居民的社区意识。社区意识是指社区居民对社区的感知、认同和参与的心理状态，是社区居民对所属社区的归属感和认同感，包括社区情感认同、社区参与程度、社区满意度、信任与奉献精神以及对社区发展的态度五个方面。社区意识是社区治理中的软件，具有重要的意义，有利于改善社区关系、促进社区和谐，有利于拓展社区组织、形成治理合力，有利于增强社区资本、促进体制转型。要在加强社区公共服务、扩大居民参与、发展社区民主的过程中，融入社区意识的教育引导，培育居民的家园意识和共同体意识。通过开展形式多样、内容丰富、生动有趣、健康有益的活动，增强社区参与的吸引力和感召力，从而激发社区居民参与社区治理的动力，培养和提升他们对社区的情感，树立社区主人翁意识，为社区居民的自我服务、自我管理、民主协商解决社区事务，培养现代公民精神奠定基础，为社区治理提供保障。

七要坚持因地制宜分类施策。社区治理既要遵循共同的规律，坚持普遍的原则，加强政策规划和顶层设计，也要因地制宜，具体问题具体分析、具体解决。有的社区环境整治问题更为突出，有的社区行政负担更重一些，有的社区资源十分匮乏，有的社区基础设施破旧不堪，有的社区物业管理矛盾重重，有的社区便民服务很差，有的社区缺少公共活动场所，等等，因此，要找准问题对症下药。特别是针对当前我国城市社区构成日益多元复杂的实际，要实施分类治理，形成差异化的治理对策：商品房小区治理的方向是从“陌生人社区”到“新熟人社区”转变；老旧小区治理的关键是利用原有邻里关系，再造社区自治组织机制，加大社区公用设施的投入和保障力度，提高社区公共服务保障水平；保障房小区治理的关键是防止弱势群众集聚，造成新的贫困和新的社会问题；城中村社区治理的关键是社区环境、安全问题治理；外来人口较多的社区是外来人口的平等保护、社区融入以及社区环境治理问题。

第四章　农村社会治理的创新发展

随着农村城镇化、农业现代化进程的推进，农村人口分化不断加剧，农村社会治理的范围和领域不断拓展，治理对象不断增多，治理任务复杂多变。以习近平同志为核心的党中央坚持以问题为导向，遵循农村发展的客观实际，在农村社会生产治理、农村社会环境治理、农村社会贫困治理、农村社会组织治理等领域科学稳步地推进农村社会治理工作。

第一节　农村社会生产治理

农村社会生产治理与经济社会发展、国家安全稳定紧密相连，更与人民群众身体健康息息相关。加强农业面源污染治理是确保农产品产地安全、实现我国粮食安全和农产品质量安全的现实需要，是改善农业生态环境、加快转变农业发展方式、实现农业可持续发展的内在需要。以习近平同志为核心的党中央主要从粮食安全和农产品安全等方面加强农村社会生产治理工作，并把它上升为我们党“治国安邦的大事”和“党执政能力的重大考验”层面，体现了对党、对国家、对人民高度负责的治国理政态度，同时，这一治理实践切实融入国家治理体系中，提升了党的国家治理能力，推进了”健康中国”建设。

一、粮食安全治理是治国理政的头等大事

当前，我国粮食安全治理正面临新的挑战。在全球治理对象上，粮食

安全问题已经成为全球性问题。我国推行土地流转政策后，农民的生存问题、社会保障问题以及粮食安全等一系列难题困扰着三农问题的解决。同时，农村严重的空心化现象以及妇女、儿童留守问题都给村庄治理以及农村社会的稳定提出了新的挑战，不利于农村社会发展，也不利于国家粮食安全。就当前我国粮食安全治理现状来看，存在一系列问题，主要表现在谁来种、种什么、怎么种等几个方面。中央经济工作会议将切实保障国家粮食安全列为八大任务之首，中央“一号文件”提出抓紧构建新形势下国家粮食安全战略，加强粮食安全治理仍是有待破解的现实课题。

粮食安全治理事关国家稳定。粮食安全是一个国家安全战略的重要组成部分。粮食安全治理是针对粮食安全的各利益相关者的制度安排，即国家为了实现粮食安全目标，协调利益相关主体的利益关系，解决粮食运营过程中的信息不对称问题，而设计的一套保障和激励粮食安全运营的完整的制度和操作体系。我国是一个人口众多的发展中大国，解决好吃饭问题始终是我国治国理政的头等大事。粮食安全是任何一个国家都绕不开的重大社会问题。一个政党如何看待和治理粮食安全，体现其国家治理理念和治理能力。习近平总书记十分重视粮食安全治理工作，从治国安邦的高度清醒地认识到保障国家粮食安全的极端重要性，把党解决好吃饭问题看成是治国理政的头等大事。习近平总书记不仅强调要从经济上，而且还要从政治上看粮食安全问题，“只要粮食不出大问题，中国的事就稳得住”。“保障国家粮食安全是实现经济发展、社会稳定、国家安全的重要基础。”习近平总书记还十分强调粮食安全的永恒性与主动权。习近平总书记在山东农科院召开的座谈会上曾指出，“保障粮食安全对中国来说是永恒的课题，任何时候都不能放松。历史经验告诉我们，一旦发生大饥荒，有钱也没用”。习近平总书记还从手里的饭碗说起，强调中国的粮食中国人自己耕种。在立足点和着眼点上，“绝不能买饭吃、讨饭吃，饭碗里必须主要装我们自己生产的粮食”，“中国人的饭碗任何时候都要牢牢端在自己手上”，一个国家只有立足粮食自给，才能掌握粮食安全主动权，才能掌握经济社会发展这个大局，才能真正维护社会的稳定和国家的长治久安。在这些理念的指导下，党中央确立了坚持以我为主、立足国内、确保产能、适度进口、科技支撑的国家粮食安全战略。

粮食安全治理要重视生产环节。在我国广大农村，农地权利结构及其运作机制决定着农村社会或农民经济的基本社会经济关系，从而也决定了保障粮食安全的粮食获取渠道、稳定供应的基本治理机制。第一，粮食安全生产要靠保护耕地。治理农村土地抛荒问题有利于更好地保障我国粮食安全，维护社会稳定。加快水土流失综合治理是保护耕地资源、保障国家粮食安全的迫切需要。习近平总书记用“命根子”“家底”“保护文物”“保护大熊猫”等词作比，深刻地阐明了耕地保护的重要性。习近平总书记指出:“保障国家粮食安全的根本在耕地，耕地是粮食生产的命根子”,“农民可以非农化，但耕地不能非农化。如果耕地都非农化了，我们赖以吃饭在家底就没有了”。习近平总书记还特别强调，坚守十八亿亩耕地红线，“没有一点点讨价还价的余地”，必须下决心改变“在耕地占补平衡上玩虚的”的危险状况，强调“保护耕地要像保护文物那样来做，甚至要像保护大熊猫那样来做。”第二，粮食安全生产要靠兴修水利。大兴农田水利是解决靠天吃饭问题的根本。习近平总书记强调,“既要重视大型水利工程这样的‘大动脉’，也要重视田间地头的‘毛细血管’，解决好农田灌溉‘最后一公里’问题”。第三，粮食安全生产要靠培育优良品种。习近平总书记认为，保障国家粮食安全还要解决好科研和生产“两张皮”的问题，真正让农业插上科技的翅膀，“下决心把民族种业搞上去，抓紧培育具有自主知识产权的优良品种，从源头上保障国家粮食安全”。第四，建立激励机制。国家粮食安全激励机制就是通过内部的层级治理和外部的市场机制相配合，共同实现粮食相关资源的有效和高效配置。激励机制与决策机制、监督机制共同构成了国家粮食安全治理体系。内部治理体系还要注意与激励机制相结合，使各级代理人在追求自身利益最大化的过程中，维护委托人的长远利益即国家粮食安全利益。在确保安全的前提下，积极探索引入市场机制，社会化运营等新的体制机制，推进国有企业改革，探索建立混合所有制的粮食生产储备企业，完善粮食安全相关的国有企业的现代企业制度。这是保证国家粮食安全的兼顾安全与效率的治理艺术。同时，随着改革开放的进一步深化，国家治理能力的提高，农业科学技术的快速进步，我国粮食安全也面临着很大的机遇。公司下乡是农业走向现代化的一种具体方式，但是作为外生型资本力量，公司下乡必然会给农村社会稳定和国家粮食安全带来一系列的冲击，对乡村治理产生深刻的影响，公司下乡之后的社会后果更值得关注，而这种社会后果也是最终影响国家重新选择农业经营方式的重要因素。

粮食安全治理还要严抓储备、流通与消费等环节。党中央强调，国家要设立常平仓，用以稳市、备荒、恤农，还要调动市场主体收储粮食的积极性，有效利用社会仓储设施进行储粮，要严查粮食储备调节中的违法违纪案件，“绝不能任由‘粮耗子’折腾糟蹋”。在完善粮食价格形成机制上，党中央强调，“要按照市场定价、价补分离的原则，探索实行目标价格政策，逐步建立价格低时补生产者、价格高时补低收入消费者的机制”。我国在粮食生产、流通、加工、消费环节存在大量的浪费现象，尤其是餐桌上的浪费。习近平总书记强调，必须坚决刹住浪费粮食的不良风气，认为“即使生活一天天好了，也没有任何权利浪费”。这些论述既强调了粮食储备管理、价格管理等问题，也尖锐地指出了严重的浪费现象，体现了党中央狠抓粮食安全治理的信心和决心。

二、农产品质量安全治理考验党的执政能力

当前，我国对农产品产业链最前端的养殖环节与种植环节的治理明显不足。生物源性与化学源性危害是如今影响我国农产品质量安全的主要因素。当前，我国农业的小规模分散经营给农产品质量控制带来了较大困难。由于农业技术应用和推广上的缺陷，中国农业生产的精细化程度不高，农作物对化肥的吸收效率增速缓慢，导致了农业污染控制难度加大和农产品

质量安全治理难，重要文献选编难等问题。造成农产品质量安全问题的根本原因是农产品生产经营者和消费者获取农产品质量安全属性信息的不对称，消除两者间的农产品质量安全属性信息不对称是治理农产品质量安全问题的根本途径。客观的农产品安全信息是农产品质量安全治理的重要保证，我国相关信息披露仍显不足。由于农产品信息特性获取程度不一样，导致消费者无法识别隐藏的信息，因此，出现信息不对称的现象，质量安全问题频现，农产品质量安全问题根源和治理都是围绕农产品质量安全信息的披露而展开，可追溯体系本身就是一种质量安全信息传递机制，农产品可追溯系统通过建立农产品在生产、处理、加工及流通、零售各个环节的相关产销信息详细记录，并公开标示，确保农产品质量安全。另外，环境污染严重，尤其是水污染和土壤污染也是我国农产品质量不高的一个很重要原因。

（一）解决食品安全问题是党执政能力的重要体现

食品安全关系人民群众身体健康，关系中华民族未来。农产品质量治理必须解决食品安全问题。这些年，党中央下大力气抓食品安全工作，取得了一定的成效，但是农产品质量安全基础仍然比较脆弱，毒奶粉、假羊肉、镉大米、毒生姜、染色脐橙等农产品质量安全事件时有发生。习近平总书记高度重视食品安全问题，“能不能在食品安全上给老百姓一个满意的交代，是对我们执政能力的重大考验。我们党在中国执政，要是连个食品安全都做不好，还长期做不好的话，有人就会提出够不够格的问题”。因此，在农产品质量安全治理问题上，政府能否在道德上做出表率，是弥补公众因食品和农产品安全治理不力对政府公信力丧失信心的一种措施。从国外农产品质量安全治理的经验看，各国政府为树立良好公信力，在农产品安全管理上均做出了很大的努力。中共中央、国务院在《关于落实发展新理念加快农业现代化实现全面小康目标的若干意见》中指出，要实施食品安全战略，加快完善食品安全国家标准。加强产地环境保护和源头治理，实行严格的农业投入品使用管理制度。推广高效低毒低残留农药，实施兽用抗菌药治理行动。创建优质农产品和食品品牌。继续推进农业标准化示范区、园艺作物标准园、标准化规模养殖场（小区）、水产健康养殖场建设。实施动植物保护能力提升工程。加快健全从农田到餐桌的农产品质量和食品安全监管体系，建立全程可追溯、互联共享的信息平台，加强标准体系建设，健全风险监测评估和检验检测体系。落实生产经营主体责任，严惩各类食品安全违法犯罪。实施食品安全创新工程。加强基层监管机构能力建设，培育职业化检查员，扩大抽检覆盖面，加强日常检查。加快推进病死畜禽无害化处理与养殖业保险联动机制建设。规范畜禽屠宰管理，加强人畜共患传染病防治。强化动植物疫情疫病监测防控和边境、口岸及主要物流通道检验检疫能力建设，严防外来有害物种入侵。深入开展食品安全城市和农产品质量安全县创建，开展农村食品安全治理行动。强化食品安全责任制，把保障农产品质量和食品安全作为衡量党政领导班子政绩的重要考核指标。中共中央、国务院在《关于深入推进农业供给侧结构性改革加快培育农业农村发展新动能的若干意见》中指出，要全面提升农产品质量和食品安全水平。坚持质量兴农，实施农业标准化战略，突出优质、安全、绿色导向，健全农产品质量和食品安全标准体系。支持新型农业经营主体申请“三品一标”认证，推进农产品商标注册便利化，强化品牌保护。引导企业争取国际有机农产品认证，加快提升国内绿色、有机农产品认证的权威性和影响力。切实加强产地环境保护和源头治理，推行农业良好生产规范，推广生产记录台账制度，严格执行农业投入品生产销售使用有关规定。深入开展农兽药残留超标，特别是养殖业滥用抗生素治理，严厉打击违禁超限量使用农兽药、非法添加和超范围超限量使用食品添加剂等行为。健全农产品质量和食品安全监管体制，强化风险分级管理和属地责任，加大抽检监测力度。建立全程可追溯、互联共享的追溯监管综合服务平台。鼓励生产经营主体投保食品安全责任险。抓紧修订农产品质量安全法。积极参与国际贸易规则和国际标准的制定修订，推进农产品认证结果互认工作。深入开展农产品反走私综合治理，实施专项打击行动。党和政府把食品安全与党的执政能力紧紧联系在一起，并把这一问题看成是对党执政能力的重大考验，要求下最大力气抓紧抓好，展现了党执政为民的执政理念与责任担当。

（二）农产品质量安全治理要抓好生产安全

加强源头治理是提高农产品质量安全水平的治本之策。做好源头治理，即通过规范农户的生产行为达到生产安全农产品的目的。要深入实施耕地保护与质量提升行动，加快推进农产品产地环境质量类别划定，形成一套可复制、可推广的产地环境治理与修复模式。习近平总书记认为，食品安全是“产”出来的，把好农产品生产环境安全关与生产安全关，既要抓好“治地治水，净化农产品产地环境”，又要“控肥、控药、控添加剂，规范农业生产过程”。加快标准建设，加强安全监管，强化农兽渔药残留超标治理，严格食用农产品添加剂控制标准，确保农产品质量安全。开展食用农产品质量安全源头治理，是我国确保“舌尖上的安全”重中之重。开展食用的农产品的质量的安全源头治理工作，就要加强农产品投入品的管理，限制农药、化肥的使用量：加强对土壤及水资源的污染的治理工作，尤其是农产品土壤质量。在农产品生产源头广泛推广“三品一标”认证，提高农产品生产经营主体质量安全的责任意识，改善农产品生产经营者不规范的种养殖行为，提升农产品质量安全的自律意识，从而实现农产品质量安全源头监管由“人治”向“制度治理”的转变。提高农户生产经营的组织化程度，可以有效克服由于信息不对称和农产品市场结构带来的农产品质量安全问题。农民合作社对农产品质量的治理主要通过利益共享机制、重复博弈机制、关系嵌入机制和权力约束机制来实现，在此基础上，通过实施有效的质量控制对策，保障农产品质量安全。通过农民合作社提高农民的生产组织化程度，加强对农产品生产源头的组织和治理，是破解农产品质量安全难题的一条现实路径。

（三）农产品质量安全治理要抓好食品安全监管

农产品质量安全管理需要立法，法律自身特性决定了法律手段是治理农产品质量问题的长久之计。同时，要坚持强化突出问题治理和执法监管，大力推行全程控制，推进监管能力和制度机制建设，切实保障农产品消费安全。要提高我国农产品质量安全监管工作的重要性和紧迫性认识，把各项执法监管工作迅速开展起来，始终保持高压严打态势，推进农产品质量安全治理体系和治理能力现代化。习近平总书记强调，食品安全也是“管”出来的，“要真正织出一张确保食品安全的天罗地网”，就要“完善监管制度，强化监管手段，形成从田间到餐桌全过程覆盖的监管制度”，坚持源头治理、标本兼治，建立“全国统一的农产品和食品安全信息追溯平台，实现农产品生产、收购、储存、运输、销售、消费全链条可追溯，用可追溯制度倒逼和引导生产”；就要“严厉打击食品安全犯罪，对那些利欲熏心、挑战道德和良知底线的人，对重点领域、重点环节、重点地区，要下猛药、出重拳，决不姑息”，就要“用最严谨的标准、最严格的监管、最严厉的处罚、最严肃的问责，进一步加强食品安全工作，确保广大人民群众‘舌尖上的安全’”。建立多元化的农产品质量安全治理机制。就农产品质量安全管理而言，仅仅依靠政府监管还无法根本解决问题，必须介入市场机制。除了政府设置强制性的农产品质量安全监管机制之外，有效的企业治理机制更是解决农产品质量安全的长效机制之一。积极构建农产品质量安全全民共建共享的社会治理格局，建立政府与生产经营者、消费者、新闻媒体、行业协会及其他利益相关者之间的沟通联动机制，打造农产品质量安全命运共同体，努力营造人人关心农产品质量安全、人人维护农产品质量安全的良好社会氛围，把生产、销售、消费优质安全农产品见之于公众自觉的行动，让人民群众在安定祥和的社会环境中充分享受消费安全农产品的快乐和幸福。治理农产品的质量安全问题，还必须从思想上有所重视，因为优质的产品并不是检查出来的，而是主动生产出来的。

近年来，我国在治理农产品质量安全问题方面投入了大量的人力物力，持续开展专项整治行动，严厉打击违法违规生产加工，解决了大量的突出问题，实现了农产品质量总体安全。《农产品质量安全法》对提高农产品消费安全、质量安全和国际竞争力具有重要作用，从源头上解决了农产品污染及实施过程监控、治理市场秩序和农产品质量安全科技支撑等问题。我国在控制化肥农药使用方面也作了不少卓有成效的努力，农业部发布的治理农业污染的“一控两减三基本”目标，其中的“两减”主要是逐步减少化肥农药的施用总量，这一目标的有力推进，将有效控制农业投入品及环境污染给农产品质量安全带来的影响。目前，我国农产品生产正处在积极建立具有一定规模的生产基地，进行规范化的生产活动，并对农产品生产的全过程进行质量控制，以生产出高质量的产品，加大对农药源头污染的治理力度，强化对生产关键环节的监管出发，构筑起我国的食品安全全程控制体系。

第二节　农村社会环境治理

环境治理是农村社会治理的一个重要领域，也是国家治理的一个重要环节。中国有着广阔的农村，农村社会环境的优劣与农民的生产生活密切相连。当前，农村环境治理问题继土地征用、公共物品供给和农村民主等农村社会治理问题后，成为当前亟待解决的新难题，我国农村环境已严重威胁广大农民的生产发展与生活质量，如不抓紧解决，势必会影响社会主义新农村建设和农村的和谐稳定。以习近平同志为核心的党中央高度重视农村社会环境治理工作，特别关注农村生态环境、农村安全环境、农村人文环境的治理实践，从而确保乡村美丽、乡村稳定和乡村文明，拓展了国家治理的重要内容，推进了社会主义新农村建设和“美丽中国”建设。

一、农村生态环境治理

生态环境与人类生活息息相关，一旦其遭到破坏，人类的生活就会受到影响。现在，人类已经认识到了环境保护的严重性，加大了对环境治理的力度，但是随着经济社会的不断发展，农村生态环境治理总体形势仍然十分严峻，环境脏乱差问题仍旧比较突出，而且还呈现出污染从城市向农村转移的态势，农村地区正在受到乡镇企业污染和城市污染转移的双重威胁。农村面临着农村耕地资源、水资源环境、大气质量、人文居住环境和生物多样性等生态环境安全问题，并且已严重影响和阻碍和谐社会构建、社会主义新农村建设和现代农业发展等战略目标的实现。究其原因，我们可以归纳为以下几点：一是农村生态环境治理措施和能力建设不到位，治理机制系统化设计的不足，缺乏环境专业管理部门和专业管理人员，治理效果成效甚微；二是农业种植方式不合理，经济发展方式不当；三是投入不够，大多数农村生态环境基础设施比较脆弱，政府对生态环境的投入主要集中在城市生活和工业的治理方面，对农村生态文明建设的重视程度和投入力度严重不足，由此形成的城乡差距不断加大、农村生态环境不断恶化等社会问题，影响了农村现代化的进程；四是环境保护意识不强，农村居民对生态环境的认识不足，存在前面清理，后面污染的现象，在参与农村生态环境治理时缺乏积极性；五是农村生态环境保护监管仍远远滞后，地方监管体系未形成，许多地区乡镇机关针对当地土壤、水质、空气等保护没有做到时时监测、处处监管；六是城乡一体化进程中乡镇工业污染严重，一些城市污染进入农村，农村生态系统发生改变。

农村的生态环境的保护和管理已经成为人类面临的不可回避的任务。农村生态环境治理是随着农村生态环境的破坏和恶化，而展开的一项复杂的社会系统性工程。农村生态环境的全面综合治理主要包含对农村水资源（尤其指农民的生活饮用水和生活废水）、生活垃圾、农业生产废弃物、农村耕地资源、矿产资源乱开采等问题开展治理，就是要以改善农村生态环境质量为目标，以提高农村生态文明水平为主题，以治脏、治乱、治污、治林、治水、治路为重点，加快推进农村改水、改厕、改厨、改圈、改房等“五改”，加快推进农村清洁家园、清洁水源、清洁田园、清洁能源等“四清”，加快推进农村道路硬化、路灯亮化、卫生洁化、环境美化、村庄绿化等“五化”工程建设，全面改善农村人居环境，提高农村生态环境质量。

党中央、国务院高度重视农村生态环境治理和生态文明建设工作。随着人民生活水平的提高，人们日益增长的物质要求不断提高，农村生态环境问题也逐步成为社会及政府关注的热点。近些年来，国家对于农村生态环境的治理和保护极为重视。我国政府出台了《关于加强农村环境保护工作的意见》，其中明确提出农村环境保护的基本原则是“政府主导，公众参与”，倡导在农村环境治理过程中建立公众参与机制。建设“生产发展、生活宽裕、乡风文明、村容整洁、管理民主”的社会主义新农村以来，党对新农村建设作出系统部署和战略举措，为农村生态环境治理带来了新的机遇。《中共中央国务院关于加快发展现代农业进一步增强农村发展活力的若干意见》指出，要推进农村生态文明建设，加强农村生态建设、环境保护和综合整治，努力建设美丽乡村。要加大重大生态修复工程实施力度，推进荒漠化、石漠化、水土流失综合治理；加强农作物秸秆综合利用：搞好农村垃圾、污水处理和土壤环境治理，实施乡村清洁工程，加快农村河道、水环境综合整治；发展乡村旅游和休闲农业；创建生态文明示范县和示范村镇；开展宜居村镇建设综合技术集成示范。中央一号文件中指出，要深入推进新农村建设，必须加强农业生态治理，必须全面推进农村人居环境整治，全面加强农村生态文明建设。党的十八届五中全会指出，加大环境治理力度，以提高环境质量为核心，实行最严格的环境保护制度，深入实施大气、水、土壤污染防治行动计划，实行省以下环保机构监测监察执法垂直管理制度。《中华人民共和国环境保护法》中明确规定了的各级人民政府及其农业等有关部门和机构在农村环境保护中的主体责任。党中央特别强调生态文明体制改革与美丽中国建设。党的十九大报告指出，要推进绿色发展，着力解决突出环境问题，加大生态系统保护力度，改革生态环境监管体制。尤其是在解决突出环境问题和生态系统保护力度方面，要坚持全民共治、源头防治，持续实施大气污染防治行动，打赢蓝天保卫战；加快水污染防治，实施流域环境和近岸海域综合治理；强化土壤污染管控和修复，加强农业面源污染防治，开展农村人居环境整治行动；加强固体废弃物和垃圾处置；提高污染排放标准，强化排污者责任，健全环保信用评价、信息强制性披露、严惩重罚等制度；实施重要生态系统保护和修复重大工程，优化生态安全屏障体系，构建生态廊道和生物多样性保护网络，提升生态系统质量和稳定性；完成生态保护红线、永久基本农田、城镇开发边界三条控制线划定工作；开展国土绿化行动，推进荒漠化、石漠化、水土流失综合治理，强化湿地保护和恢复，加强地质灾害防治；完善天然林保护制度，扩大退耕还林还草；严格保护耕地，扩大轮作休耕试点，健全耕地草原森林河流湖泊休养生息制度，建立市场化、多元化生态补偿机制。

“中国要美，农村必须美。”习近平总书记特别关注农村生态环境的治理工作，强调走向生态文明新时代，建设美丽中国，是实现中华民族伟大复兴中国梦的重要内容。在正确处理生态环境保护与经济社会发展的关系上，习近平总书记提出了“既要绿水青山，也要金山银山；宁要绿水青山，不要金山银山；绿水青山就是金山银山”的“两山理论”。习近平的“两山理论”产生于乡村，强调了优美的生态环境就是生产力、就是社会财富，也凸显了生态环境在农村经济社会发展中的重要价值。农村生态环境治理是一条利用绿水青山发展生态农业、生态旅游之路，是一条让乡村绿水青山变成金山银山之路，从根本上破解“三农”问题，促进了“美丽乡村”建设。为了建设农民的幸福家园，加强农村生态环境治理，党中央还高度重视新农村建设，认为新农村建设要“注意乡土味道，保留乡村风貌，留得住青山绿水，记得住乡愁”。农村环境污染治理和生态保护工作是环保工作的重要组成部分，不仅关系到农村的青山绿水、农村自身经济、乡村旅游与农业的可持续发展，也直接影响城市的环境质量，需要得到进一步加强。如何治理农村生态环境问题，留给城乡一片干净的生存空间和享受空间，是实现城乡融合与协调的关键。农村是社会和谐的基石，建设美丽乡村，践行生态文明，亟须推进农村生态环境综合治理。抓好农村生态环境治理是我们党、政府和社会公众应尽的义务和责任。为此，我们应从以下几个方面着力解决农村生态环境污染的突出问题。

第一，构建多元主体的协同治理机制。党的十九大报告指出，要着力解决突出环境问题，构建政府为主导、企业为主体、社会组织和公众共同参与的环境治理体系。针对当前农村生态环境治理中主体单一、政策歧视、法制薄弱等问题，我们应当坚持系统化设计原则，建立一个健康长效的生态治理机制，既要健全政府主导的行政治理机制、构建全民参与的基层治理机制、引入第三方治理的市场运作机制，也要完善农村生态治理的法律约束机制和宣传教育机制。农村生态环境治理也是一项系统工程，需要政府、地方民众、企业、基层自治组织，以及其他社会团体等行动主体的广泛参与，构建多元主体的协同治理机制，在创新理念下，全面提升我国农村的生态环境治理效果。

政府在农村生态环境治理中应占主导地位，发挥着主导作用。农村生态环境的全面治理要坚持以政府为主导，通过颁布和制定农村生态环境保护的法律法规对农村环境治理做出长远规划，建立强有力的环境监测和管理执行体系、执行队伍，加大农村生态环境基础设施建设与投入，积极开展农村生态环境教育，培育农村生态文明氛围，协调各方的环境利益，引导社会力量参与农村环境治理，加强各群体间的交流与合作，组织、执行、监督农村环境保护工作等。乡镇政府具有维护农村生态环境健康的职责，因此，乡镇政府在自身治理的过程中，要转变自己的观念，既要抓生产，又要抓生态环境治理。

随着经济社会的发展，农村生态环境问题越来越严重，加强农村生态环境治理刻不容缓，但是单靠政府的力量，无力担当起其管理与保护生态环境的全部责任。在我国农村村域生态环境管理与保护中，推行村级管理体制，应该是中国农村生态环境管理与保护的长治久安之策。村级管理作为家庭管理的延伸、国家管理的下沉，能够有效地整合农村居民的环境保护力量，使生态环境管理与保护成为亿万农民的共同行动和全社会的事业，这是实现我国农村生态环境保护治理的有效机制，是一种较为科学的管理模式。在实现产权归属后，村庄成为农村生态环境的产权所有者，村民共同享有产权，对生态环境资源共同所有，共同开发和共同保护，而村庄代表公共利益，对农村生态环境资源享有治理权和调控权。

公众参与的广度和深度很大程度上决定着农村生态环境治理的水平。在我国，公众参与农村生态环境治理的起步比较晚，但还是有一些法律法规可以引导鼓励公众参与到农村生态环境治理中来。农村生态环境治理是一项涉及公共利益的事务，公众自然拥有参与其中的权利，但是现阶段我国缺乏一套明确的公众参与法律规范和制度体系，这就造成公众参与农村生态环境治理时随意性比较强。因此，国家应当加强公众参与生态环境治理的立法建设，为农民参与农村生态环境治理政策提供合法性保障。公众参与在生态环境治理中极为重要，而目前公众参与农村生态环境治理不仅缺乏顶层设计，而且公众淡薄的生态意识、不健全的公众参与机制，以及不完善的法律制度等因素严重制约着公众参与农村生态环境治理事务。在完善《环境保护法》及相关法律的基础上，制定一批对农村生态环境保护具有针对性的专门法，如《农村环境保护法》《农村清洁生产促进法》等，保障公众参与农村生态环境治理。政府在生态环境治理中的引导力和监督力由政府的生态环境治理能力决定，其能力强弱更是直接影响着政府在促进公众参与农村生态环境治理中作用能否有效发挥。在农村生态环境治理中，通过规范、关系网络和信任机制的共同作用实现社会整合，可以有效促进社会参与和社会合作，从而弥补传统治理模式的真空，提升农村环境治理绩效。

党和政府治理农村生态环境的政策要取得良好的效果，就离不开与农村生态环境利害相关的农民群众的支持。以农民为主体的社会公众既是当下农村生态环境破坏的施动者，也是环境改善的直接受益者。随着生态文明的逐步推广，越来越多的农民已经深刻认识到环境保护的重要性，他们会积极拥护“造福千秋万代”的农村生态环境治理政策，并以主人翁的意识推行政策，为美好家园的恢复做出积极贡献。除此之外，农村居民常年生活在农村，拥有丰富的乡土知识经验，以及处理农村问题的一整套独特技能和手段，比任何外来者都更为了解农村的实际状况，因此，让以农民为主体的公众从决策建议、过程治理、环境信访、环境诉讼、行为治理、末端治理等方面参与到生态治理工作中，不仅可以帮助决策者深度了解农村的真实情况，如实发现潜在问题，从更为细微的视角解决政府行政治理的诸多不足，并使得多方利益得到平衡保障，而且有助于充分调动公众参与生态治理的积极性，改掉或祛除先前的非生态化生产生活习惯，并激发其接受科技生态治理技术知识的动力，从而制定出科学合理的农村生态环境治理政策。因此，公众参与是农村生态环境治理政策贯彻执行不可或缺的动力源泉。

第二，拓宽农村生态环境保护与治理的融资渠道。治理农村生态环境需要大量的资金，国家对农村生态环境治理投入偏低，农民投入意愿和承受能力有限，环保资金缺乏是制约农村生态环境治理的瓶颈。新农村的生态治理是一项非营利性的公益事业，需要政府加大农村生态环境保护投入力度，积极扶持农村环保基础设施建设。要对农村环境治理进行科学战略定位，将农村生态环境治理作为国家环境保护的重点，加大投入。然而，单单依靠政府财政投入还远远不能满足农村生态环境的治理和保护工作的需求。我们需要建立适应市场经济体制的农村生态环保多渠道投入机制，吸纳各种社会资金、社会力量和资源用于农村环保，积极引导农民投工投劳，确保农村环境治理工程建得起、用得起。同时，在第三方治理模式下，可以利用社会资本，让更多的社会资金可以流入农村生态治理中，促进农村环保投资主体的多元化，有利于农村环境保护的可持续性发展，而且便于先进治理技术的引入，有助于实现最佳的治理效果。

第三，依靠法治保障农村生态环境治理效果。我国现行的农村生态环境保护法律法规很多，但能够适应当今社会主义市场经济的农村环境保护的法律法规较少，而且，有关农村的环境法律法规较为笼统、规定不明确、执法不严、违法不究，难以解决农村生态环境中的实际问题。农村生态环境治理的生态发展目标就是要建设“天蓝、地绿、水净”的良好生态环境。农村生态环境的建设不仅仅是单个封闭区域范围内的环境治理问题，而是一项需要综合环境治理的法律制度建设、政策引导、主体参与等于一体的社会公共事务。农村生态环境的保护和治理必须建立在健全的法制基础上，构建农村环境治理的综合法律体系，逐步做到完善环境立法、加强环境执法、严格环境法律监督三位一体，必须重点做好农村环境保护根本性法律的制定，在明确基本原则和根本要求的基础上，结合农村环境污染的重点问题，制定较为完备的、可执行的农村环境管理的法律法规体系，要按照生态利益优先、共同发展、负担与收益相一致的原则，规范农村生态环境治理机构，以及农民和农村工业企业主要的责任与义务，针对性地解决农村养殖业污染、农村饮用水水源保护、农村生活和农业污染等问题，为构建天蓝、地绿、水净的生态环境提供科学规范的法律制度环境。加强农村生态环境污染治理执法，遏制污染向农村地区转移，加强对城市工业生产垃圾的处理和执法监督。完善司法程序，最大限度地保障城乡环境公平，扩大利益诉讼主体的范围，避免地方保护主义，公正执法、严格执法，为农村生态环境治理提供法治保障。

第四，提高环境保护意识和能力。农村环境同样属于公共资源，农村生态环境的治理和保护工作是一项利国利民、功在千秋万代的公益事业。为此，我们必须清醒地认识到保护生态环境、治理环境污染的紧迫性、艰巨性和复杂性，从国家战略高度认识农村环境治理的重大意义。针对我国目前农村生态环境出现的问题，政府部门要强化政府职能，完善各种政策法规，加强农村生态环境基础设施建设，建立环境治理的长效机制，加大投入力度及宣传力度，研发农村生态环境保护及治理的相关技术与产品，研发与推广基于环境友好的生态农业与绿色农业，改变农业生产方式，从根本上提高环境保护能力和意识。从某种程度上说，农村生态环境的保护和治理取决于农民环境意识的高低。农村生态环境的治理需要城乡居民的支持与配合，要通过提升居民的环保意识，改变这种知行不一的现象。同时，培育农村绿色消费观念，营造公平公正开放的市场环境、大力支持绿色环保产业发展，以供给侧改革推动农村生态环境治理，为农村生态环境治理提供有力支撑，最终实现农业可持续发展。利用互联网、微博、微信、广播、电视等多种媒体形式开展宣传教育，提高农民的生态认知和生态意识，提高农民对参与农村生态环境治理的认同感，使农民能够自觉贯彻落实国家的生态文明建设、美丽乡村建设政策，主动参与农村生态环境治理，自觉采取健康文明的生产、生活、消费方式，推广生态农业，发展生态旅游，维护农村生态环境，推进美丽多村建设。

第五，充分发挥非正式制度的作用。治理和改善农村生态环境，不仅可以通过国家的强制力诸如法律规范对村民的行为加以规范引导，更要针对农村特殊的社会环境，利用一些非正式的制度，如乡规民约、风俗等乡村本土资源实现对生态环境的保护和治理。这不仅符合农村的社会结构特点，更是完善农村生态环境治理体系的重要举措。尤其是作为农村社会主体的农民，更要发挥在生态环境治理过程中的核心主导作用。因此，为实现对农村生态环境的有效治理，将地缘与血缘等因素结合，立足于本土法治资源基础上突出村规民约对环境保护的作用。

二、农村安全环境治理

当前，随着我国城乡利益格局的深刻调整，农村社会结构的深刻变动，农村利益主体与社会阶层日趋多元化，各类诉求明显增多，农村社会矛盾突出，群体性事件增加；一些地方干群关系紧张，侵害农民合法权益的事件仍时有发生，一些地方违法犯罪活动、黑恶势力活动、邪教和利用宗教进行非法活动仍然较多存在，黄赌毒、偷盗、抢劫等治安问题，严重干扰了农民群众的生产和生活，禁毒和防治艾滋病任务艰巨，农村社会治安综合治理压力增大；农村少数基层领导干部，包括村干部，法制观念淡薄，人治思想相对浓厚，对依法治理农村社会环境重视不够，依法解决农村基层中发生的各种事务纠纷的能力和水平不高；基层治安管理队伍整体素质不高，对农村违法犯罪行为缺乏打击力度，农村社会治安综合治理状况欠佳；广大农村地区的法制建设和人民群众的法律意识都不容乐观，农村社会治安治理已经严重影响到农村社会发展、农民安居乐业。在城镇化的新背景下，农村社会治安治理面临着基层组织控制不力、治安投入不足、法制体系不完善、利益表达机制不健全等困境。所以，加强和深化农村法制建设，加强农村社会治安的综合治理势在必行。

党和政府历来重视农村社会治安环境治理问题。《中共中央国务院关于推进社会主义新农村建设的若干意见》就明确指出，要妥善处理农村各种社会矛盾，加强农村社会治安综合治理，建设平安乡村。江泽民同志曾指出，加强农村的社会主义精神文明建设和民主法制建设，搞好农村社会治安综合治理，是农村现代化建设和社会进步的重要内容，也是促进农业和农村经济发展的重要保证。建设和谐社会，必须加强社会治安综合治理，增强人民群众安全感，必须完善社会治安防控体系，广泛开展平安创建活动，把社会治安综合治理措施落实到基层，确保社会治安大局稳定在实践中。胡锦涛同志在党的十七大报告中强调：完善社会管理，维护社会安定团结，要健全齐抓共管、各方面参与的社会管理格局和基层社会管理体制，健全全社会治安防控体系，加强社会治安综合治理。

党中央提出了新的治理理念和要求，推进了农村社会矛盾的化解与整治工作。农村社会建设中，有效预防农村公共危化事件的发生是治理农村社会环境的最关键手段。目前，农村存在因农村土地争议、干群关系激化、农村基层组织不健全、农村环境恶化、农村公共服务事业滞后、农村社会治安治理不到位、农民社会保障不完善引起的诸多矛盾。在农村社会矛盾的化解与整治中，党中央强调树立系统治理、依法治理、综合治理、源头治理的治理理念；倡导从完善政策、健全体系、落实责任、创新机制等方面入手，及时反映和协调农民各方面利益诉求，处理好政府与群众利益关系，从源头上预防减少社会矛盾，做好矛盾纠纷源头化解和突发事件应急处置工作，要求做到“发现在早、防范在先、处置在小、防止碰头叠加、蔓延升级”；在维护农村社会稳定方面，习近平总书记鼓励“推进平安乡镇、平安村庄建设，开展突出治安问题专项整治，引导广大农民自觉守法用法”，同时特别强调依法治理，“严厉打击扰乱农村生产生活秩序、危害农民生命财产安全的涉农犯罪，坚决打掉农村涉黑涉恶团伙，坚决打击暴力恐怖犯罪，有效应对外部势力的干扰渗透”。总书记的这些论述为化解农村社会矛盾、维护农村正常的生产生活秩序、推动农村社会安全环境治理工作提供了切实可行的实践方略。

为确保农村社会稳定，推进农村社会安全环境治理，保障农村社会公共安全，我们还应做好以下几个方面的工作：

第一，加强农村社会化环境治理力度。农村社会环境复杂，义务教育阶段的学生自制力较弱、容易模仿他人，容易受到社会不良风气的诱惑，他们的能力素质极易受到周围不良环境的影响，诸如“上学无用论”“打工潮”等思想时刻侵蚀着他们。因此，为了预防和减少留守青少年越轨行为，我们应当按照中央的要求，形成关爱留守儿童良好的社会氛围，加强农村社会环境的治理力度，共同努力为农村留守青少年健康成长营造一个文明向上的社会化环境。

第二，深化农村社会平安建设。党的十九大报告指出，要加强预防和化解社会矛盾机制建设，正确处理人民内部矛盾；要树立安全发展理念，弘扬生命至上、安全第一的思想，健全公共安全体系，完善安全生产责任制，坚决遏制重特大安全事故，提升防灾减灾救灾能力；要加快社会治安防控体系建设，依法打击和惩治黄赌毒黑拐骗等违法犯罪活动，保护人民人身权、财产权、人格权。这为农村社会平安建设指明了方向。

推行农村平安建设工程，要切实加强农村社会的治安综合治理工作，提高农村治安综合防控能力，全力维护保持农村的社会稳定，推进农村经济社会的健康发展，保持农村长期和谐稳定的社会环境，使农民群众安居乐业，加快农村小康社会的进程。加大对农村地区的违法犯罪的打击力度，引导和鼓励农村居民实施群防群治，同违法犯罪行为做斗争。比如，依法打击乡村黑恶势力，重点打击赌博、烧香磕头、相面算卦等封建迷信活动和各种盗窃、拐卖人口、嫖娼、卖淫犯罪活动，加强农村交通安全管理。从而彻底净化农村社会环境，促进社会风气的好转，为建设文明和谐的社会主义新农村创造一个良好的社会环境。

推行农村平安建设工程，要大力实施农村警务战略。要综合开展法制教育宣传，加强农村警务室公共产品建设，组织警员参与社会治理，实行村民联户联防机制，积极打击和遏制农村刑事犯罪高发态势，弘扬地方传统文化手段治理农村社会治安，给当地群众提供更好的公共环境。

推行农村平安建设工程，要加强农村抗灾救灾、警务消防、疫病防控等设施建设，严格执行农村学校、医院等公共设施建筑质量标准，增强农村突发公共事件和自然灾害的应对处置能力。要完善农村社会保障机制和社会服务体系，使农民生活有最低保障，净化社会空气，消除农民后顾之忧，弱化对家族、宗教势力的依附心理，创造农民安居乐业的社会环境。要加强农村社会心理服务体系建设，培育自尊自信、理性平和、积极向上的农村社会心态。

第三，强化乡风文明建设。乡风文明建设就是要不断加强社会主义新农村精神文明建设，抓好农村文化建设，形成良好的文化风俗和农村风貌。加强农村精神文明建设，深入开展群众性精神文明创建活动，全面提高农民思想道德素质和科学文化素质，引导农民移风易俗，破除陋习，消除农村丑恶现象，开展文明家庭、文明院落、文明村社创建活动，引导农民崇尚科学、抵制迷信，树立健康科学的生活方式，提倡文明向上的道德风尚；加强农村法制宣传教育，落实党的民族和宗教政策，提高农民的法律意识，形成依法行事的观念，树立健康文明、遵纪守法的社会新风尚：加强思想政治教育，大力发展生产力，减少基督教的负面作用，调动农民群众共建文明乡村的自觉性，从而实现社会的稳定团结。坚持农村民主建设，规范治理行为；大力发展农村的教育文化事业，从根源上治理农村社会环境。

第四，建立农村社会安全治理协同机制。党的十九大报告指出，要打造共建共治共享的社会治理格局，加强社会治理制度建设，完善党委领导、政府负责、社会协同、公众参与、法治保障的社会治理体制，提高社会治理社会化、法治化、智能化、专业化水平：加强社区治理体系建设，推动社会治理重心向基层下移，发挥社会组织作用，实现政府治理和社会调节、居民自治良性互动。这为我们当前建立农村社会安全治理协同机制提供了政策指导。当前，完善立体化社会治安防控体系，引进市场机制，采取政府、社会和个人多中心供给、生产治安服务的多元化农村治安治理模式，成为迫切需要。强化农村社会安全治理，要重新定位基层政府角色，转变其行为方式，构建各方参与的平台，拓展社会参与空间。农村基层党政组织要以基层社会治安综合治理机构为依托，以相关法律制度作保障，共同实现构建农村和谐治安秩序的目标。乡镇政府开展农村社会治安综合治理，就是通过有效地化解农村地区社会矛盾和冲突来维护农村地区社会秩序，保证基层政权稳定。主要治理内容包括：及时妥善处理突发的群体性事件，协调各种矛盾和冲突；扎实开展农村法制宣传教育活动，努力做到法制宣传教育经常化、制度化；积极健全村屯治安防范网络，健全矛盾纠纷排查调处机制，不断拓宽农民群众利益诉求渠道，切实把矛盾化解在基层，确保农民合法权益得到保障。公安机关是社会治安管理的直属机关和直接主体。镇派出所是农村社会治安治理的主要职能部门，是维护农村治安秩序的主力军，在治理农村治安问题中具有举足轻重的作用，进一步加大对农村基层公安机关在人力（包括素质和技能培训）、装备、待遇等方面的财政投入和其他间接投入，是十分重要的措施。村党支部完善《村规民约》《村民自治》等有较强操作性的规章制度，积极推行农村社会环境治理“一事一议”，着力在建立长效管理机制上下功夫。农村社会治安和治理离不开农民群众的有效参与，充分发挥乡镇义务调解员和村级和谐促进会的作用，动员广大农民参与到农村社会治安综合治理的活动中，使农村社会治安治理进入法制化轨道。市场通过自愿机制参与平安协会的建设和社会治安防控体系，社会通过志愿机制参与平安协会的建设，借助平安协会这一平台，社会组织、企业、公民能够参与农村社会治安的治理、维护社会稳定，打破了传统政府管理的一元格局，形成了多元合作治理格局，推进了社会管理体制创新。

三、农村人居人文环境治理

改革开放以来，国家治理模式深度转型，随着工业化、城市化的快速推进，乡村社会发展变迁中出现了村庄“空心化”、乡土文化“断裂化”现象，乡土文化遭受侵蚀、乡村精英流失严重等变迁与治理困境。为确保乡村宜居与乡村文明延续，推进农村人居人文环境治理就显得尤为重要。

第一，因地制宜开展人居环境的综合治理工作。习近平总书记也特别关心新农村建设中的人居环境整治工作。习近平总书记说，新农村建设要“体现农村特点，不能照搬照抄城镇建设那一套，搞得城市不像城市，农村不像农村”；习近平总书记认为新农村建设绝不是“把这些乡情美景都弄没了，而是要让它们与现代生活融为一体，所以我说要慎砍树、禁挖山、不填湖、少拆房”。习近平总书记还认为，新农村建设要“给农民一个干净整洁的生活环境，尽快改变农村许多地方污水乱排、垃圾乱扔、秸秆乱烧的脏乱差状况”。习近平总书记还格外关注农村厕所建设，特别强调“厕改是改善农村卫生条件、提高群众生活质量的一项重要工作，在新农村建设中具有标志性，可以说小厕所、大民生”。“厕所革命”是农村人居环境改善的重要举措，反映了党中央在优化农民生活方式和推进农村内涵发展方面的农村社会治理能力。统计数据显示，总书记从宏观与微观角度强调着力推进农村人居环境治理工作，确保农村人居环境的改善。

党和政府高度重视开展村庄人居环境整治工作。《中共中央、国务院关于全面深化农村改革加快推进农业现代化的若干意见》指出，要加快编制村庄规划，推行以奖促治政策，以治理垃圾、污水为重点，改善村庄人居环境。实施村内道路硬化工程，加强村内道路、供排水等公用设施的运行管护，有条件的地方建立住户付费、村集体补贴、财政补助相结合的管护经费保障制度。制定传统村落保护发展规划，抓紧把有历史文化等价值的传统村落和民居列入保护名录，切实加大投入和保护力度。提高农村饮水安全工程建设标准，加强水源地水质监测与保护，有条件的地方推进城镇供水管网向农村延伸。以西部和集中连片特困地区为重点加快农村公路建设，加强农村公路养护和安全管理，推进城乡道路客运一体化。因地制宜发展户用沼气和规模化沼气。在地震高风险区实施农村民居地震安全工程。加快农村互联网基础设施建设，推进信息进村入户。中共中央国务院印发的《关于加大改革创新力度加快农业现代化建设的若干意见》中又对全面推进农村人居环境整治提出了新的要求和举措。完善县域村镇体系规划和村庄规划，强化规划的科学性和约束力。改善农民居住条件，搞好农村公共服务设施配套，推进山水林田路综合治理。继续支持农村环境集中连片整治，加快推进农村河塘综合整治，开展农村垃圾专项整治，加大农村污水处理和改厕力度，加快改善村庄卫生状况。加强农村周边工业“三废”排放和城市生活垃圾堆放监管治理。完善村级公益事业一事一议财政奖补机制，扩大农村公共服务运行维护机制试点范围，重点支持村内公益事业建设与管护。完善传统村落名录和开展传统民居调查，落实传统村落和民居保护规划。鼓励各地从实际出发开展美丽乡村创建示范。

有序推进村庄整治，切实防止违背农民意愿大规模撤并村庄、大拆大建。中共中央、国务院在《关于落实发展新理念加快农业现代化实现全面小康目标的若干意见》中指出，要开展农村人居环境整治行动和美丽宜居乡村建设。遵循乡村自身发展规律，体现农村特点，注重乡土味道，保留乡村风貌，努力建设农民幸福家园。科学编制县域乡村建设规划和村庄规划，提升民居设计水平，强化乡村建设规划许可管理。继续推进农村环境综合整治，完善以奖促治政策，扩大连片整治范围。实施农村生活垃圾治理5年专项行动。采取城镇管网延伸、集中处理和分散处理等多种方式，加快农村生活污水治理和改厕。全面启动村庄绿化工程，开展生态乡村建设，推广绿色建材，建设节能农房。开展农村宜居水环境建设，实施农村清洁河道行动，建设生态清洁型小流域。发挥好村级公益事业一事一议财政奖补资金作用，支持改善村内公共设施和人居环境。普遍建立村庄保洁制度。坚持城乡环境治理并重，逐步把农村环境整治支出纳入地方财政预算，中央财政给予差异化奖补，政策性金融机构提供长期低息贷款，探索政府购买服务、专业公司一体化建设运营机制。加大传统村落、民居和历史文化名村名镇保护力度。开展生态文明示范村镇建设。鼓励各地因地制宜探索各具特色的美丽宜居乡村建设模式。

中共中央、国务院在《关于深入推进农业供给侧结构性改革加快培育农业农村发展新动能的若干意见》中指出，要深入开展农村人居环境治理和美丽宜居乡村建设。推进农村生活垃圾治理专项行动，促进垃圾分类和资源化利用，选择适宜模式开展农村生活污水治理，加大力度支持农村环境集中连片综合治理和改厕。开展城乡垃圾乱排乱放集中排查整治行动。实施农村新能源行动，推进光伏发电，逐步扩大农村电力、燃气和清洁型煤供给。加快修订村庄和集镇规划建设管理条例，大力推进县域乡村建设规划编制工作。推动建筑设计下乡，开展田园建筑示范。深入开展建好、管好、护好、运营好农村公路工作，深化农村公路管养体制改革，积极推进城乡交通运输一体化。实施农村饮水安全巩固提升工程和新一轮农村电网改造升级工程。完善农村危房改造政策，提高补助标准，集中支持建档立卡贫困户、低保户、分散供养特困人员和贫困残疾人家庭等重点对象。开展农村地区枯井、河塘、饮用水、自建房、客运和校车等方面安全隐患排查治理工作。推进光纤到村建设，加快实现4G网络农村全覆盖。推进建制村直接通邮。开展农村人居环境和美丽宜居乡村示范创建。加强农村公共文化服务体系建设，统筹实施重点文化惠民项目，完善基层综合性文化服务设施，在农村地区深入开展送地方戏活动。支持重要农业文化遗产保护。这都是近几年党中央发布的中央一号文件，根据时代发展要求，每年都对同一问题进行了更加微观的设计，充分体现了党和政府对这个问题的高度关切。

第二，推进农村人文环境治理必须理解和重视乡土文化。社会的进步依赖于文化的传承。农村文化建设和社区治理的基础在于对乡土文化的理解。乡土文化具有显著的乡土性和深厚的群众基础，根植于农业、农民、农村，广大农民群众智慧的沉淀与结晶，在社会治理过程中始终发挥着巨大的功能，对于农村经济发展、传统文化的传承与传播、社会矛盾的整合、社会建设的促进、社会价值的完善都具有重要的价值。在我国的传统乡村社会，乡土文化可以为乡村社会治理提供村规民约、道德规范和行为准则等，从而实现家庭和睦、邻里和谐。历史地看，乡土文化的构建兴衰与乡村治理成效及社会稳定息息相关。基层社会治理面向的是乡土、是基层群众，传统的丧葬、春节、祭祀等乡土文化对于村民特别是离乡在外的民众来说具有很强的凝聚力。民俗节庆活动是传统乡土文化的重要组成部分，具有沟通村民感情、培育集体意识、提高自我治理能力的功能。乡土文化作为农业文化系统、农民文化主体、农村文化场域的整体范畴，对于乡村治理有着重大的积极意义。习近平总书记特别强调农村文化的传承与安全，认为“农村是我国传统文明的发源地，乡土文化的根不能断，农村不能成为荒芜的农村、留守的农村、记忆中的故园”，“不能大拆大建，特别是古村落要保护好”。因此，我们必须继承、挖掘和弘扬传统乡土文化，培育社区精神和发展能力，夯实乡村治理丰富的人文环境基础。

第三，推进农村人文环境治理必须解决好“三留守”和“空心村”问题。当前，中国农村的老人、妇女、儿童“三留守”现象和村庄“空心化”现象还比较突出。习近平总书记指出，“三留守”和村庄空心化是一个问题的两个侧面，解决好“三留守”和“空心村”问题是各级党委和政府特别是基层党委和政府的重大责任。在“三留守”问题上，要健全“三留守”人员关爱服务体系，如做好农村教学点撤并和老年人养老帮扶等工作。习近平总书记还高度重视“空心村”问题，在如何保留、缩减、做大、整治村落等问题上，要求做好规划，进行科学论证，“不要头脑发热，不顾农民意愿，强行撤并村庄，赶农民上楼”。

第四，推进农村人文环境治理必须用社会主义核心价值观统领农村文化发展。现阶段，由于我国农村存在“三留守”和“空心化”现象，农村地区传统文化发展显然弱于工业文化、信息文化等现代文化的发展。因此，农村社会治理必须正视农村文化发展的新变化，用社会主义核心价值观统领农村文化发展，更好地引领和指导农民生产和生活，更好地满足农民对中国特色社会主义先进文化的精神需求。习近平指出，各种社会管理要承担起倡导社会主义核心价值观的责任，注重在日常管理中体现价值导向，使符合核心价值观的行为得到鼓励、违背核心价值观的行为受到制约。针对农村特点，围绕培育和践行社会主义核心价值观，深入开展中国特色社会主义和中国梦宣传教育，广泛开展形势政策宣传教育，增强农民的国家意识、法治意识、社会责任意识，提高农民综合素质，提升农村社会文明程度，凝聚起建设社会主义新农村的强大精神力量。要努力提高农民群众的民主法律意识，把普法作为农民培训的重点，鼓励农民学法、守法和依法维权，激发农民参与公共事务和履行民主监督的热情，从根本上改善农村人文环境和治理结构。要加大农村人文社会环境的治理力度，对黑网吧、赌博、迷信等活动要坚决取缔，根治农村精神污染对留守儿童的毒化。倡导文艺工作者深入农村，创作富有乡土气息、讴歌农村时代变迁的优秀文艺作品，提供健康有益、喜闻乐见的文化服务。加强农民诚信教育，倡导契约精神与科学精神。

第五，推进农村人文环境治理必须“呼唤”传统乡土文化回归。古代中国在长期的乡村治理中，形成了以追求社会和谐为目标、以官民共治为格局、以道德教化为手段、以乡土文化为立足点的治理文化。中国传统乡村是“熟人社会”，是以宗族血缘关系及地缘关系为纽带，世世代代在固定的地域从事相同的农业生产，与外界社会的沟通交往缺乏，自然而然地形成了传统而独特的宗族治理模式和乡土文化。在传统社会，国家依赖于儒家道统思想和封建伦理纲常来是实现对社会统摄，并借助于士族大族和乡绅地主等本土化权威作为基层公共文化的组织主体，维护着传统的乡土秩序，实现乡土文化治理。我国开始进行农业社会主义的改造，代表国家意志的基层政权组织逐步取代了传统的农村社会组织，传统宗族治理的传统乡土文化遭受严重侵蚀。中国农村传统治理是乡土文化的治理。传承乡土文化，塑造法治精神，构建基层社会治理现代化体系，既需要传统的乡土文化进行支撑、更需要强化并完善解决社会矛盾与冲突的法律机制。在乡村治理的背景下，各种自发的农村民间公益文化组织广泛成立，在促进农村文化事业发展、净化乡村风气、传承乡土文化、和谐乡民关系、增加农村服务的供给等方面，发挥着重要作用，成为乡村治理的有生力量。要想促进农村民间公益文化组织在乡村治理中功能的发挥，就应在农村营造出继承传统文化的氛围，培养一批掌握传统文化资源的人才，将对乡土文化的学习纳入学生的学习课程中，从小培养他们对本村传统文化的兴趣，为农村传统文化类组织培养一批后继者。政府应认识到农村民间公益文化组织在乡村治理中的社区凝聚功能、村民的组织化训练功能、活跃乡村文化生活功能、乡民领袖的能力成长功能、乡土文化的传承功能及乡村的道德教化功能，为农村民间公益文化组织提供足够的资金支持，努力使其成为乡村治理中的一股重要力量。提高乡村治理成效的关键在于乡土文化的重构，而家训是乡土文化的本色体现。在乡村治理过程中，不断发扬传统家训中优秀的成分，使村民在文化认同中感受到乡土社会的自主性与自我管理的价值所在，充分发挥家训的道德教化功能，进一步构建农村道德共同体，凝聚起向上、崇善、爱美的强大正能量。

第六，推进农村人文环境治理必须实现乡土文化现代化转型。新常态下，纯粹的乡土中国已不复存在。当前，农村治理文化比较复杂，混杂了乡约与礼治的传统乡土文化、科学与法治的现代治理文化与大众媒体和城市文明的通俗文化。提升农村社区治理文化现代化水平，可从村民、社区、国家三层面共同推进。在“撤村并居”式新农村社区建设热潮中，很多乡土文化载体被毁，若新型城镇化以消灭乡土文化载体为代价，“乡土文化重构与现代化”就无从谈起。若村落是乡土社会农村社区治理的硬件组织，村落文化即是农村社区治理的软件系统。乡土文化为新农村社区治理文化现代化提供丰富养料。有学者指出，乡村主体结构的“空壳化”、价值伦理的“空心化”、乡土文化的“断裂化”、乡村治理的“灰色化”，意味着当前乡村社会的发展变迁是一种“异态”。改变这种“异态”，还需要补齐乡村治理“短板”、加大乡村治理资源“输血”、培育乡村“新乡贤”及其文化、促进乡土文明与现代工业文明对接，进而推进乡村治理现代化。现代乡贤的培育和发展实质是重塑乡土文化并推动乡村善治。创新乡贤文化，弘扬善行义举，以乡情乡愁为纽带吸引和凝聚各方人士支持家乡建设，传承乡村文明。我们要正确地对待乡土文化和现代文化的关系，乡村治理现代化绝不是离开了乡土文化的空中楼阁。基于此，各级政府和一些知识分子发起乡土重建运动，其基本理念就是立足于乡土根基，通过启蒙民智，在农村推行农业生产、社会治理、文化教育的“现代化模式”，以挽救日渐破败的乡村社会。乡土文化中也有与当今市场经济、民主政治、社会治理和社会主义先进文化不适应的地方，在对传统乡土文化进行传承与保护的同时，也要顺应时代发展的要求，进行更高层次上的发展与创新，赋予乡土文化新的时代内涵和现代表达形式，增强其生命力和适应力。从社会治理的角度，乡土文化既是一种农村文化形态，也是加强农村社会治理、丰富农民群众精神世界、陶冶农民群众情操的载体和途径。在深入推进“新型城镇化”战略下，我们既需要改变传统乡土文化的习性，又要应对当下的都市消费文化语境，重构“新乡土文化”的基本形态和价值体系，消除文化生态的异质性，真正从二元对立过渡到城乡一体，最终实现新型城镇人的文化蜕变与现代化转化。

第三节　农村社会贫困治理

农村社会贫困是我国一大现实问题。目前，我国农村贫困地区的普遍现状是自然条件恶劣、基础设施建设严重滞后、产业结构单一、扶贫产业的抗风险性偏差、二次返贫现象严重、脱贫致富带头人及科技人才缺乏、财政投入不足、金融生态环境差、金融资源稀缺等问题。

一、深刻认识我国农村社会的贫困问题与贫困治理

贫困是一个包括经济、社会、文化贫困落后现象的复杂的社会问题，但首先指经济范畴的贫困，即收入低下、生活条件差和生产难以维持，可定义为一个人或一个家庭的生活水平达不到一种社会可接受的最低标准。

我国是一个发展中的农业大国，农村贫困问题由来已久，贫困人口基数十分庞大，农村经济水平普遍过低，农村贫困现状依然严峻，贫困县域村级组织的社会经济文化状况等各方面都亟待改善和提高。中国农村贫困是经济、环境、社会因素综合的结果。目前，我国农村贫困的治理已开始把农村社会全面发展、人口素质和能力的全面提高作为重点，因此，在对贫困家庭实施物质援助的同时，更应注重贫困家庭人力资本的提升，特别是加大对贫困地区的教育和医疗的财政投入，重点放在收入提高、教育和就业培训、社会保障和医疗卫生等相关政策的完善和实施上。要认识中国农村的贫困问题，了解农村贫困程度、范围和现状，首先要弄清楚衡量农村贫困的标准，也即通常所指的贫困线是什么，这样的标准代表着怎样的实际生活水平。农村是我国反贫困的主战场，如何准确地界定贫困村，特别是如何科学地确定贫困线，是全面描述和正确评估农村贫困的现状和脱贫进程，及时把握扶贫政策对缓解农村贫困的实际效果的关键。贫困问题是一个相对的问题，在贫困治理工作中将贫困分为两种类别，即是绝对的

贫困与相对的贫困，这两种贫困所比较的参数不同，绝对的贫困是与最低生存保障相比较，相对贫困是与社会平均水平相比较。绝对贫困与相对贫困、物质贫困与精神贫困问题的交织，是导致农村贫困复杂现状的重要原因。农民面临着生存贫困和发展贫困交织构成的贫困现状。

中国作为世界上最大的发展中国家，贫困问题一直伴随着整个经济和社会发展的进程。党中央一直以来都特别关注农村贫困人口的脱贫工作，把农村社会贫困治理提到了重要的议事日程。中华人民共和国成立后，中国农村社会的贫困、农业的落后、农民的生活亟待改善的现状仍然存在。社会主义优越性的如何发挥使这些问题更具政治意义。我国实施大规模的区域扶贫开发，目前农村贫困现状发生了很大改变：农村贫困人口数量大幅减少，在地域上更加分散并呈点状分布。《中国21世纪议程》指出，中国农业和农村摆脱贫困的唯一道路是走可持续发展之路，保持农业生产率稳定增长，提高粮食生产，保障国家粮食安全，发展农村经济，增加农民收入，改变农村贫困落后的现状。《中国农村扶贫开发纲领》明确了农村扶贫工作的奋斗目标，即用十年左右的时间解决3000万绝对贫困人口的温饱问题，实现6000万低收入人口的稳定脱贫。中共中央召开了扶贫开发工作会议，国务院出台了《中国农村扶贫开发纲要》，这对于认清当前农业农村发展现状和农村贫困特征，推进新时期扶贫开发工作具有重要意义。中共中央办公厅、国务院办公厅印发的《深化农村改革综合性实施方案》指出，要创新农村扶贫开发体制机制。着眼全面建成小康社会、不让农村贫困人口掉队的要求，分类施策，加快健全精准扶贫工作机制，完善贫困县考核机制，完善干部驻村帮扶机制，完善扶贫资金管理机制，完善金融服务机制，创新社会参与机制，建立扶贫对象动态调整机制，完善扶贫开发与农村低保有效衔接的机制。完善片区联系工作机制，推动片区规划实施与减少贫困人口的目标相结合，将政策、项目等落到实处。抓紧研究制定扶贫开发的重大举措，确保在既定时间节点打赢扶贫开发攻坚战，加快贫困群众脱贫致富、贫困地区全面建成小康社会步伐。中共中央、国务院在《关于深入推进农业供给侧结构性改革加快培育农业农村发展新动能的若干意见》中指出，要扎实推进脱贫攻坚。进一步推进精准扶贫各项政策措施落地生根，确保2017年再脱贫1000万人以上。深入推进重大扶贫工程，强化脱贫攻坚支撑保障体系，统筹安排使用扶贫资源，注重提高脱贫质量，激发贫困人口脱贫致富积极性主动性，建立健全稳定脱贫长效机制。加强扶贫资金监督管理，在所有贫困县开展涉农资金整合。严格执行脱贫攻坚考核监督和督查巡查等制度，全面落实责任。坚决制止扶贫工作中的形式主义做法，不搞层层加码，严禁弄虚作假，务求脱贫攻坚取得实效。在党中央的关注下，农村贫困现状也发生了变化，从普遍性贫困转变为区域性贫困、从绝对贫困为主转变为相对贫困为主、从长期性贫困为主转变为暂时性贫困为主。

二、农村社会贫困治理是全面建成小康社会的重要任务

当前，我国正处于全面建成小康社会战略目标的决胜阶段。然而，全面建成小康社会最大的短板在农村贫困人口。“小康不小康，关键看老乡。”消除贫困、改善民生、逐步实现共同富裕，是社会主义的本质要求，是我们党的重要使命。习近平总书记高度重视共同富裕问题，把农村贫困治理与全面建成小康社会紧密结合起来，提出了一些科学的扶贫工作理念，强调“全面建成小康社会，最艰巨最繁重的任务在农村、特别是在贫困地区。没有农村的小康，特别是没有贫困地区的小康，就没有全面建成小康社会”。总书记的这一论述充分说明了农村贫困是全面建成小康社会的短板，贫困地区脱贫致富必须抓好扶贫开发工作；充分体现了党中央把农村社会贫困治理工作提升到“全面建成小康社会”重要战略目标层面去推进的坚强决心。

消除农村贫困是建成全面小康社会的重要标志。脱贫攻坚的综合奋斗目标是实现全面脱贫。农村贫困人口脱贫是全面建成小康社会最艰巨的任务，也是现阶段实现共享发展的最艰巨的任务。农村贫困人口脱贫是全面建成小康社会最艰巨的任务，要求实施脱贫攻坚工程，实现现行标准下农村贫困人口的脱贫，贫困县全部摘帽，解决区域性整体贫困。全面建成小

康社会的本质和精髓是实现共同富裕，也就是农村人口不仅得到全面覆盖，也应该得到全面发展。

经过“八七”扶贫攻坚和新阶段农村扶贫计划的实施，我国农村贫困地区的基础设施建设不断加强，经济社会发展逐步加快，农村贫困人口的生产生活条件有所改善，生活质量有所提高，但与全面建成小康社会的目标相比，我国农村当前的贫困程度仍然严重，农村扶贫工作面临的任务仍然艰巨。无论从哪个方面来分析，农村贫困的问题，构成了小康社会全面发展的牵制性因素：从社会成员的生活水平提高上来看，农村贫困问题的存在，形成了一部分低收入者与农村大部分人收入得到明显提高并存的局面，全面建设小康社会的经济目标受到影响；从社会全面发展上看，农村贫困问题的存在，形成了部分社会群体政治、文化利益和需求满足低于其他社会群体的局面，全面建设小康社会的全面性特征受到影响。因此，在传统扶贫工作成效日益有限的背景下，为贫困农民群体提供有效的脱贫路径和方法对于从根本上解决农村贫困问题、加快建设小康社会具有重大的理论意义和实际意义。对于现实层面而言，在全面建设小康社会的过程中，改变传统的自上而下的扶贫模式，将政府职能的充分发挥与扶贫对象的主观能动作用相结合，从根本上解决农村贫困问题具有十分重要的战略意义。

三、农村社会贫困治理必须强化精准扶贫工作

长期以来，我国农村贫困治理一直奉行粗放式扶贫模式，无论是救济式扶贫、开发式扶贫还是参与式扶贫，都存在农村贫困现状摸不准，贫困治理目标搞不清，对扶贫对象定不准，帮扶措施和扶贫项目指向不准等问题，制约了农村贫困治理的效果。

中共中央办公厅、国务院办公厅出台《关于创新机制扎实推进农村扶贫开发工作的意见》提出，“建立精准扶贫工作机制”。习近平总书记在主持召开东西部扶贫协作座谈会时指出，扶贫开发到了攻克最后堡垒的阶段，所面对的多数是贫中之贫、困中之困，需要以更大的决心、更明确的思路、

更精准的举措抓工作。要坚持时间服从质量，科学确定脱贫时间，不搞层层加码，要真扶贫、扶真贫、真脱贫。习近平总书记要求，各级政府要把抓好扶贫开发作为当前的重大工作任务，要切实扭转政绩观，贫困地区要把提高扶贫对象生活水平作为衡量政绩的主要考核指标。脱贫攻坚是干出来的，靠的是广大干部群众齐心协力，振奋精神，“好干部要到扶贫攻坚一线经受磨炼”，“贫困地区要激发走出贫困的志向和内生动力，以更加振奋的精神状态、更加扎实的工作作风，自力更生、艰苦奋斗，凝聚起打赢脱贫攻坚战的强大力量。”总书记的这些论述指出了扶贫开发的重大责任，并从政府、干部和贫困地区三方面提出了工作要求，为推进农村社会贫困治理工作指明了方向。习近平总书记在部分省区市党委主要负责同志座谈会上强调，扶贫工作“贵在精准、重在精准、成败之举在于精准”。习近平总书记还指出，“深入实施精准扶贫、精准脱贫，项目安排和资金使用都要提高精准度，扶到点上、根上，让贫困群众真正得到实惠”。在实施精准扶贫方略方面，强调要抓“六个精准”，即扶持对象精准、项目安排精准、资金使用精准、措施到户精准、因村派人精准、脱贫成效精准。只有这样，才能确保各项政策好处落到扶贫对象身上。

习近平总书记高度评价东西部扶贫协作和对口支援，认为这种方式“充分彰显了我们的政治优势和制度优势，必须长期坚持下去”。习近平总书记强调，东西部扶贫协作和对口支援，是推动区域协调发展、协同发展、共同发展的大战略，是加强区域合作、优化产业布局、拓展对内对外开放新空间的大布局，是实现先富帮后富、最终实现共同富裕目标的大举措。“发展是甩掉贫困帽子的总办法。”农村经济要发展必须推进农村基础设施建设。习近平总书记注重智力扶贫，强调扶贫先扶智，“加大对农村地区、民族地区、贫困地区职业教育支持力度”，帮助贫困地区群众提高身体素质、文化素质、就业能力，切实“提高农村义务教育水平这个治本之策”，要把贫困地区孩子培养出来，“绝不能让贫困家庭的孩子输在起跑线上，坚决阻止贫困代际传递”。习近平总书记还特别强调，要提高农民素质，培养造就新型农民队伍，确保农业后继有人。总书记的这些论述既强调扶贫开发工作的外力作用，更强调在增加农民收入、抓好农村教育和农民培训等方面增强其内生动力，充分体现了以习近平同志为核心的党中央突出的农村社会治理能力。

精准扶贫的提出为中国农村的扶贫开发做出了新的规划。精准扶贫作为新型的贫困治理模式，能有效地解决贫困村治理困境，且其内涵参与式、多元合作式和精准式三大治理理念，不仅顺应了国家治理现代化的趋势，也能实现贫困村的有效治理，从而为我国基层农村治理提供有效的治理模式。农村精准扶贫是一个国家基层治理的典型代表，是当前我国重要的惠民政策，是解决农村贫困、保障民生问题的最新方法，是实现农村公共服务均等化的一个重要抓手，也是发展乡村社会经济的重要路径。精准扶贫是新时期政府治理和社会发展核心理念的一种体现方式，它不同于以前传统的粗放式扶贫模式，是在精准识别贫困对象后运用针对性强的，科学有效的帮扶措施对贫困目标进行精准帮扶及精准管理的治贫方式。精准扶贫是实现政府公共意志的过程，也是国家转移财政资金和资源的重要工程，伴随农村民主氛围不断浓厚、村民自治能力不断提高，乡镇政府便逐渐放开村民自我治理的权力，给予村委会更多的自主权，将部分农村事务交由村民自己管理，实现民主决策。党的十九大报告又发出了坚决打赢脱贫攻坚战的全党全国号召。让贫困人口和贫困地区同全国一道进入全面小康社会是我们党的庄严承诺。要动员全党全国全社会力量，坚持精准扶贫、精准脱贫，坚持中央统筹省负总责市县抓落实的工作机制，强化党政一把手负总责的责任制，坚持大扶贫格局，注重扶贫同扶志、扶智相结合，深入实施东西部扶贫协作，重点攻克深度贫困地区脱贫任务，确保我国现行标准下农村贫困人口实现脱贫，贫困县全部摘帽，解决区域性整体贫困，做到脱真贫、真脱贫。

四、农村社会贫困治理必须培育多元化扶贫主体合作模式

现阶段，农村精准扶贫已成为国家治理场域中最大的社会难题，精准

扶贫需要创新社会治理模式，实现由政府“单中心”扶贫向政府主导的“多中心”扶贫转变，构建“政府—公益组织—企业”多元互动的合作型扶贫模式。国家开始注重党政机关、企事业单位、国内外社会组织等多元主体参与贫困的治理，农村扶贫开发整体合力增强。

我国农村贫困现状是社会组织参与农村扶贫的现实基础。强力培育政府、市场、社会组织和家庭等多元化扶贫主体合作模式，共同治理农村贫困。一直以来，我国实行的是以国家和政府为核心的“单中心”社会保障及反贫困治理模式，政府单方面主导社会福利资源分配和反贫困政策执行，使农村反贫困政策和社会保障政策在执行过程中出现真空地带，同时也使其他反贫困主体如非政府组织和农民自治组织的发展空间和作用受到限制，以致使贫困治理主体的缺位与单一。

调整政府与贫困人口的关系，转变政府扶贫职能，改革自上而下的扶贫开发机制，打破单一的依靠政府行政组织扶贫的格局，实现政府机制、市场机制和社会机制的有机结合，加快建立农村有效的扶贫开发治理机制以弥补政府主导型机制的缺陷，从根本上解决和改善贫困人口的生存和生产条件，消除贫困，是21世纪扶贫开发的正确选择。通过这种角色的诱变，诱发农村扶贫开发治理中的一系列组织、技术和制度的创新，营造参与性扶贫开发的政治社会环境。基于发展型社会政策的视角，完善农村贫困治理主体多元化政策，实现多元主体共同治理的格局。中央政府承担农村社会贫困治理的主导作用。互助资金就是将政府财政资金交由农户按照互助合作、有偿使用的方式用于发展生产，是我国财政资金投入农村扶贫开发的具体形式的一种创新。

民间组织参与中国农村贫困治理的价值取向。在中国农村贫困治理中，民间组织的参与之所以会得到政府与社会的认可，其根本原因在于民间组织在参与中国农村治理实践中所秉承的价值取向，同中国政府贫困治理的状态、目标和要求是一致的，也同中国农村贫困的结构发展与问题需求是相一致。广义而言，社会组织参与贫困治理是指社会组织以多种渠道，包括独立、与政府合作、相互之间合作等，以多种方式，如筹资、筹资和操作相结合等参与贫困治理的过程。在当前的农村贫困治理进程中，应该扩大农村贫困治理的视野，不单纯从经济发展的角度，而要从社会建设的角度，通过综合性的手段开展农村贫困治理。精准扶贫要求贫困治理的主体包括乡镇政府、村民自治组织，以及农村社会组织等之间实现资源协作，形成合作互补的“多中心治理”关系，这就意味着贫困县乡村社会治理应该是多元主体参与的格局。创新社会组织参与农村扶贫开发的有效方式，采取社会组织承接、政府部门购买与委托、项目补贴、财政补贴、奖励等社会组织独立实施等方式，逐步将农村扶贫开发工作中救助服务、教育培训、生态环保、生态扶贫、社区环境治理、政策宣传引导，以及行业管理和监督等项目向社会组织让渡，不断拓展社会组织参与农村扶贫开发工作的空间。借助协同治理的理念，在发挥政府主导作用的同时，引入社会组织参与农村扶贫，同时加速培育新型农民，多方协同行动，推进农村精准扶贫工作。积极引导和支持社会力量共同参与来解决贫困问题，充分动员发达地区各级党政机关、民主党派、社会团体、民间组织、私营企业和志愿者个人参与贫困地区的扶贫开发已成为我国贫困治理的突出特点。

第四节　农村社会组织治理

基层治理是整个国家治理体系的基础，增强基层治理能力是推进国家治理体系和治理能力现代化的关键。在改革开放进程中，农村社会组织不断拓展，影响力不断扩大，然而，农村社会组织比较散乱，核心凝聚力还不强，尤其是农村基层党组织还未能真正成为带领广大农民致富奔小康的核心力量。有少数基层党组织落伍了，丧失了战斗堡垒作用与党员的先锋模范作用，放松了思想政治工作和党的建设，致使农村党员得不到应有的思想政治教育，农村社会组织治理问题彰显出来。

一、正确认识农村社会组织的形成与发展

（一）农村社会组织的形成契机

我国农村社会正逐步由封闭式向开放式转变，农村社会治理要素正在不断发生变化。村委会是承担农村社会治理的核心主体，但是，由于种种原因，以村委会为主要标志的农村治理模式出现了治理不足和管理不到位现象，加之新型城镇化的推进使村委会承接基层政府的部分行政职能，导致农村社会管理领域的部分事务无法涉足，逐步地显示出其治理的局限性，形成了农村社会管理的真空，这就为农村社会组织的成立和发展提供了空间，有利于弥补村委会变异的缺憾、满足村民自治的需要。《中共中央、国务院关于加大统筹城乡发展力度进一步夯实农业农村发展基础的若干意见》指出，要进一步完善符合国情的农村基层治理机制，开展农村社区建设创建活动，培育发展社区服务性、公益性、互助性社会组织。目前，中国农村社会组织约有 200 万个，是乡村治理的重要力量。当然，基层政府在多大程度上促使农村社会组织能够有效承担从政府职能中剥离出来的职能，为推进农村社会组织参与新型城镇化建设创造更加有利的基础条件和良好环境，则在一定程度上决定了农村新增治理要素进入农村的方式和所涉及的领域。一旦国家确立了建设新农村的目标，确保了自上而下的财政转移支农资金与村庄内生社会组织对接，就能激发组织的活力，提升以组织为依托的社会自治能力，减轻国家正式治理体制的压力，缓解国家与农民之间的直接矛盾。农村社会组织在这样一种现有的社会环境下逐步呈现出多元的发展态势。

（二）农村社会组织的发育状况

农村社会组织的兴起，深刻改变了农村社会权力构建的方式，使农村原有的组织权力建构体系面临社会组织发育的挑战，然而，一些乡镇政府官员认为农村社区社会组织是在挑战他们的权威，由此产生了“社会组织

恐惧症”，于是加强了对农村社区的行政管理，限制社会组织的发展，新型城镇化进程中制约农村社区治理结构转型的因素不敢或不愿意下放权力让社会组织为农村社区提供公共产品和公共服务。长期以来，我国农村社会组织发育不良，农民组织化程度低，制度化参与乡村治理空间狭小，除少数人当选为党代表、人大代表或村民代表能在有限的范围内参与乡村公共事务决策外，广大群众很少有参与乡村治理的渠道。由于自身面临的合法化困境及其资金、人才等方面的因素，农村社会组织的自身建设有很多不规范的地方，治理水平较低。大多数农村社会组织没有健全以章程为核心的自律和内部管理制度，尚未建立符合现代法人治理结构要求的管理机制、自律机制和监管机制。但是，我们也应清醒地看到，当前农村社会组织仍处于发育阶段，具有很强的异质性和失范性，存在着依势强压、资源侵占和过激维权等问题，给农村社会治理带来了诸多隐患。

（三）农村社会组织的发展趋势

改革开放以来，我国农村社会组织发展迅速，农村社会组织在农村的政治、经济、社会、文化建设中发挥着越来越重要的作用，正成为乡村社会治理主体之一。农村社会组织是乡村治理中不可忽视的组织资源，它可以有效协调不同利益主体之间的关系，化解基层治理能力弱化引起的农村公共品供给不足的难题。农村社会组织需要通过有效治理构建合法性基础，并依托内生资源和外部力量的综合作用建立稳定的组织体系。农村社会组织既需要通过政府的有效治理来强化农民认同的合法性根基，培育和完善规则的自我生成机制，也需要通过政府的支持来获取“受保护的协商权”，形成制度化的社会自治能力。当前，政府对农村社会组织松绑还不够，且社会治理方式尚处于转型期，从而影响了农村社会组织自治功能的有效发挥。农村社会组织治理结构失衡，既不利于农村社会组织的健康成长，更影响了其在乡村社会治理中地位和作用的发挥。同样，农村社会组织的发展也离不开农村精英的参与，他们热心公益，和农民具有共同的利益诉求，在村庄具有很强的影响力号召力，凭借其人格魅力能将村民组织起来形成社团进行“集体行动”。农村社会组织类型非常复杂，成立模式也千差万别。部分农村社会组织行政气息浓厚，治理结构严重“异化”。农村社会组织在治理结构上存在治理结构不完备，或者虽然表面比较完整，但名实不符的突出问题，健全的治理结构应该是主体之间权力分工明确，彼此相互协调与制衡。农村社会组织治理结构失衡，必然带来组织运作不规范，管理粗放的不良后果。当前农村社会组织数量比较多，发展比较完善的便是农村经济类社会组织，农村经济类组织的具体组织形式是农民专业合作社。但我国的农民专业合作社往往“重建立、轻建设”，运转并不规范，内部管理缺乏制度性规定，很多合作社建立起来之后，一开始红红火火，但时间长了就会陷入瘫痪之中。因而，农村社会组织在社会治理中发挥作用有限。特别是在农村社会治理中，农村社会组织还没有充分发挥自身作用，难以有效弥补“政府失灵”和“市场失灵”。在农村，虽然农村社会组织发展较为迅速，类型较多，发挥着越来越大的作用，但距离实现社会治理创新的要求还存在一定差距，参与农村社会治理上的广度、深度和效率还稍显不足，在参与农村社会治理的实践中出现了认同、体制、能力等新的困境。我们应着力探索农村新型社会组织发展的有效路径，以便更好地发挥其在农村社会治理中的作用。

（四）农村社会组织的培育与监管

农村社会组织和民间力量在社会发展中起着极其重要的作用，因此，如何培育公民社会公共参与能力，如何培育农村社会组织的公共治理能力是刻不容缓的任务。站在新型城镇化的战略角度，以治理理论为基础，进一步推进农村社会组织的发展，合理引导农村社会组织参与农村管理，充分发挥农村社会组织的治理主体作用，实现农村社区的持续稳定发展。此外，发展农村社会组织也是完善乡村治理机制的重要环节，要合理引导农村各种服务性、公益性和互助性社会组织发展，坚持自我管理、自我约束、法制监督，使其发挥更大的作用。

基层政府要转变其职能和进行制度创新，主动为农村社会组织发展创造良好的条件和空间，在处理农村各种社会问题时，加强与农村组织的沟通和联系，鼓励和支持农村社会组织参与农村公共事务的治理，主动放权让农村社会组织承接部分政府职能。在未来农村社会治理的格局中，政府一级的主导性力量依然十分重要，在政府引导、扶持与监督的作用下，鼓励不同类型的农村社会组织充分发展。取消双重管理，简化设立审查，降低登记门槛，实行登记和主管一体化，形成“登记管理机关统一登记、有关部门各司其职管理”的依法监管体系，避免大量农村社会组织游离于体制之外，对其实现跟踪培育和监管。基于农村社会组织发展面临的问题，政府应充分认识农村社会组织在现代治理社会中的作用，积极支持其发展，促进其发育，特别是对于“草根性”民间组织，政府不仅要减少对其发展的限制，给予充分的独立发展空间，而且要在政策、资金等方面给予具体支持。由于自然嵌入农村社会结构，农村社会组织通过组织运作实现了不同治理主体的广泛参与，这与目前乡村多中心治理格局目标相得益彰。对于村民成立的各类社会组织，在保证其非政府性、独立性前提下，基层政府要坚持引导扶持原则，为农村社会组织配合政府工作，衔接政府职能提供制度条件，支持农村社会组织参与农村公共产品供应、参与农村治理和公共服务工作。因此，在未来多元化治理结构调整的过程中，政府应当认识到，农村社会组织在参与治理过程中组织机制发挥所产生的社会效应，并利用好这种作用机制与村民自治等其他制度工具相互配合，调节乡村社会关系和结构，实现乡村社会秩序的重建。

大力发展农村社会组织已成必然趋势，但在其发展过程中也出现了一些不良现象。有学者指出，不仅有媒体经常报道的一些村民委员会成员贪污腐败、私自卖地、损公肥私的现象，更有一些农村社会组织黑社会化，欺压邻里、鱼肉百姓，已演变成为乡村治理的毒瘤。为了更好地促进农村社会组织蓬勃发展，我们必须完善农村社会组织内部治理结构和外部监管。

具体而言，就是要求农村社会组织完善以章程为核心的内部治理结构，建立健全完善民主决策、民主管理、民主监督制度体系，形成平等协商、诚信自律的运行机制，增强农村社会组织的吸引力和凝聚力；就是要求采用倾斜性制度安排，切实健全组织人员的工资、福利、职称评定、劳动保障等待遇，推动他们更好地参与农村社会治理和公共服务；就是要求政府与社会组织剥离，政府退出农村社会组织治理机构，厘清政社边界；就是要求不断完善社会组织的立法，针对不同类型的农村社会组织，制定相应的法律法规，为农村社会组织参与农村社会治理提供制度上的保证；就是要求在组织分化整合的过程中，健全农村社会组织结构，实现农村社会组织的有效整合，以协调农村社区内的各种经济、社会要素，建立良性运行的社会机制，促进村民在一个良性的组织结构内实现对农村公共事务的管理，推进村级治理走向善治；就是要求加强对现有农村社会组织的改造，促使其形成法人治理体制；就是要求实行基层监管人员与农村社会组织的联系制度，帮助和引导农村社会组织建立和完善内部治理结构，运用行政、法律手段监督其守法运作；就是要求引导农村社会组织依据法律、法规和政策独立履行法人职责，根据组织章程和农民需求自主开展活动，积极参与或提供农民需求最迫切、反映最强烈、利益最直接的乡村公益事业或公共服务。

二、深刻理解农村社会组织的地位和作用

在传统中国的基层治理中，“皇权止于县”，以乡绅为主体的宗族组织在中国村庄治理中长期占据主导地位。在现代社会，农村社会组织是村庄治理重要的内源性组织资源，是实现农村治理的重要载体之一。各类农村社会组织正成为中国农村社会公共服务体系中的重要参与者，也日益成为我国社会主义新农村建设中一种重要的、不可替代的资源。改革开放之后，随着国家权力的收缩，乡村社会自主性逐渐增强，各种类型的社会组织在乡村社会得到重建或复兴。俞可平曾指出，社会组织“从根本上改变着中

国农村的治理结构和治理状况，从总体上推进了农村的民主和善治”，农村社会组织是乡村治理不可或缺的一大主体，作为第三部门，农村社会组织具有政府没有的作用，拥有弥补政府失灵和市场失灵的社会治理功能。由于利益主体代表类型的多样性和灵活性，农村社会组织不仅能保障农民最基本的政治经济权力、为农民得到平等的市场交换权利、帮助他们获取话语权与治理权，而且可以充当农村社会善制与和谐的“建议箱”和“发泄孔”，组建起农村社会的安全阀机制，增强农村社会的弹性，减少单个农民个体与社会正统力量的冲突与矛盾，尽可能使矛盾消除在萌芽之中，及时协调和平衡不同主体和群体的利益关系。农村社会组织在农村依法治理中具有不可替代的地位和作用，不少地方在农村依法治理的时候，便将与农村社会组织的联系作为与农民沟通的一个重要通道。

自治功能健全的农村社会组织，不仅可以更多地承担政府分散的职责，增强农村社会组织服务社会的功能，而且对推动社会治理方式转型、建立社会协同管理的格局都具有极好的推动作用。通过农村社会组织的参与，以形成在农村社会建设中的“党委负责、政府负责、社会协同、公众参与”的社会管理格局，把农村社会组织从管理客体变为管理主体，实现政府治理和社会自我调节、居民自治之间的良性互动。农村社会组织具有专业化、组织化、社会化的特点，对于推进农村社会建设、协调和规范政府与乡村之间的权力关系，为农村提供基本的公共服务，引导村民实现自治发挥着重要的作用。不仅如此，农村社会组织的发展及其所拥有的功能性社会资本，使之在参与村庄治理、弥补公共服务供给危机、整合并增加有限的治理资源、提升村庄博弈能力、重建乡村秩序、促进社会融合、丰富农民文化生活等方面，扮演着重要的角色，成为推进乡村治理体系现代化的一个路径选择。

三、不断完善农村社会治理的组织体系

当前，随着我国农村经济社会改革的进一步深化，城市化进程加快，信息化程度提高，法制化建设滞后，管理体制机制失调，基层民主出现真空，

为农村基层治理实践带来了新的挑战。农村组织体系的建立和完善是农村社会组织治理的一项重要工作。习近平总书记指出，农村组织体系的建立和完善要以党的基层组织为核心、以村民自治和村务监督组织为基础、以集体经济组织和农民合作组织为纽带、以各种经济社会服务组织为补充，各类组织各有其位、各司其职。在扩大农村基层民主、保证农民直接行使民主权利上，习近平总书记强调要重点健全农村基层民主选举、民主决策、民主管理、民主监督的机制。

随着市场经济的发展，我国农村社会结构出现了分化和分层，由过去的“干部—群众”简单的“二元结构”，分化为现在的“干部—私营经济组织—农村民间组织—群众”的“多元结构”，社会结构的复杂必然会加大治理的难度。农村社会治理环境的深刻变化要求治理主体、治理理念、治理方式等做出适应性变化，尤其是对领导农村社会治理的村党组织来讲，更应顺势而为做出调整，寻找发挥作用的新的关节点，这也是时代赋予的职责。推动建立和完善农村组织体系，健全村党组织领导的村民自治机制，充分发挥各类组织在乡村治理中的积极作用。在这样的背景下，原先以政府为中心的“单中心”乡村治理模式变得不合时宜，取而代之的是以政府、市场、社会作为治理主体，在农村基层党组织、村民自治组织，以及农村社会组织等主体间资源协作，形成互补、互助、合作、制约的“多中心治理”关系。

在政府不断引导的条件下，形成政府、村民自治组织、农村社会组织不同治理主体间协调配合是未来农村社会治理格局发展的理想类型。现代社会治理是一个多元主体合作共治的体系，在农村公共产品供给的市场化改革过程中，除了发挥政府的作用外，还应当充分发挥社会组织的作用。因此，农村社会组织充分发挥其社会功能，并与农村党组织、村民自治组织、村民个体等治理主体相互合作协商是解决目前农村社会治理困境的主要出路。大力发展农村社会组织，建设现代公共文化服务体系，积聚生成现代社会资本，培育农村新型市民社会，优化乡村治理的社会境遇，使之镶嵌于现代化的社会结构之中。只有在乡村治理中充分发挥好地方政府、农村社会组织、乡村宗族、村民群体等多元主体的协同治理作用，才能有效提升乡村治理水平。

随着民主政治建设进程的加快和农村经济社会的发展，农民主体意识和民主意识日益增强，农村社会组织结构和利益格局发生了深刻变化和调整，原有的农村社会治理模式与新的农村经济基础出现了不适应的问题，党组织领导方式方法与村民自治框架不接轨，党的领导与村民自治之间、党内基层民主与农民主人翁地位之间缺乏有机结合。基层党组织与政府已经开始主动寻求破解农村党组织在乡村治理中的各种困境与问题，寻求政党、国家与社会在新的生态形势下的结构性平衡机制。激发社会组织活力，推进社会组织明确权责、依法自治、发挥作用，为农村社会组织发展提供了重要机遇。推进多层次多领域依法治理，坚持系统治理、依法治理、综合治理、源头治理，深化基层组织和部门、行业依法治理，支持各类社会主体自我约束、自我管理，发挥市民公约、乡规民约、行业规章、团体章程等社会规范在社会治理中的积极作用。政府吸纳农村社会组织参与社会治理，不仅可以大幅度降低政府的社会管理成本，更可以构筑社会各方共同参与社会、政治、经济生活的平台。优化协同治理过程，强化资源整合与沟通在宏观层面上，农村社会组织资源有限，必须提高整合能力，进一步要求科学处理农村社会组织筹资项目与政府拨款、社会捐赠和行业发展之间的关系。完善协同治理主体，促进政企社三方协作协同治理下政府不再只依靠强制力，更加重要的是通过政府与企业、民间组织之间的相互合作、协商对话等方式建立伙伴关系来共同管理社会公共事务。加强新社会组织党建，构建农村党组织与社会组织的良性互动，有益于扩展农村社会组织体制内表达渠道，切实在乡村治理中发挥主体作用。村民自治的治理功能提升，需要培育和丰富自治组织体系，着力培育农村服务性、公益性、互助性社会组织，构建一个多元化的组织体系，完善社会自治功能。

四、切实巩固农村基层党组织的领导地位

农村社会治理是国家治理体系建设中的重要内容，实现农村社会治理现

代化的关键在农村基层党组织自身治理功能的实现。作为农村社会治理领导核心的基层党组织如何统筹各方，与村民自治组织、农村社会组织等农村治理主体形成科学的多元治理体制，是事关农村社会治理有效性的关键问题。

党管农村工作是我们的传统。党中央特别强调农村基层党组织的核心领导地位。《中国共产党农村基层组织工作条例试行草案》规定了农村工作的领导核心是农村中的党委、总支部、支部，这从法律上确立了农村基层党组织在农村工作中的领导地位。为了保证农村基层党组织的核心领导地位和村民自治的顺利实现，中共中央颁布了《村民委员会组织法》，又颁布了《中国共产党农村基层组织工作条例》，这为农村基层党组织开展工作和进行建设提供了法律依据。农村基层党组织在农村社会体系中处于核心地位，它直接接触我国绝大多数人口的农民群众，对他们的影响程度也最深。农村基层党组织主要在政治、组织和思想方面起主要作用，在农村治理中发挥着政治领导、思想领导，以及在重大问题和重要环节上的领导。农村基层党组织的领导核心作用，是贯彻执行中央方针政策的核心，是农村的政治领导核心。突出党的领导核心作用是坚持党的领导核心地位的内在要求，是实现农村社会经济健康稳定繁荣发展的根本保证。习近平总书记指出："农村工作千头万绪，抓好农村基层组织建设是关键，无论农村社会结构如何变化，无论各类经济社会组织如何发育成长，农村基层党组织的领导地位不能动摇、战斗堡垒作用不能削弱。"

中共中央、国务院在《关于落实发展新理念加快农业现代化实现全面小康目标的若干意见》中指出，要提高党领导农村工作水平。坚持把解决好"三农"问题作为全党工作重中之重不动摇，以更大的决心、下更大的气力加快补齐农业农村这块全面小康的短板。不断健全党委统一领导、党政齐抓共管、党委农村工作综合部门统筹协调、各部门各负其责的农村工作领导体制和工作机制。注重选派熟悉"三农"工作的干部进省市县党委和政府领导班子。各级党委和政府要把握好"三农"战略地位、农业农村发展新特点，顺应农民新期盼，关心群众诉求，解决突出问题，提高做好"三农"工作本领。巩固和拓展党的群众路线教育实践活动和“三严三实”专题教育成果。进一步减少和下放涉农行政审批事项。加强“三农”前瞻性、全局性、储备性政策研究，健全决策咨询机制。扎实推进农村各项改革，鼓励和允许不同地方实行差别化探索。对批准开展的农村改革试点，要不断总结可复制、可推广的经验，推动相关政策出台和法律法规立改废释。深入推进农村改革试验区工作。全面提升农村经济社会发展调查统计水平，扎实做好第三次全国农业普查。加快建立全球农业数据调查分析系统。加强农村法治建设，完善农村产权保护、农业市场规范运行、农业支持保护、农业资源环境等方面的法律法规。因此，各级党委必须加强对“三农”工作的领导，各级领导干部也必须重视“三农”工作，多下农村走走、多到农民家里看看，了解农民的诉求和期盼，真心实意帮助农民解决生产生活中的实际问题，从而推动农村经济社会持续健康发展，巩固党对农村工作的领导地位。由于经济不发达等原因，基层党组织的核心领导地位被严重削弱，村民自治组织也呈涣散状态。所以，要树立农村基层党组织在村民自治中的核心领导地位，必须首先从发展农村集体经济入手，才能增强村委会服务功能和村民自治的吸引力、凝聚力。

切实抓好农村基层党组织建设。农村基层党组织的领导地位不是天然的，而取决于其领导能力和领导权威，特别是这种领导能力和领导权力更多的来自党组织成员的综合素质和现实表率，从这个层面看，强化农村基层党组织队伍建设对执政能力建设显得尤为迫切和重要。农村要发展，农民要致富，关键靠支部，“如果没有一个坚强的、过得硬的农村党支部，党的正确路线、方针政策就不能在农村得到具体的落实，就不能把农村党员团结在自己周围，从而就谈不上带领群众壮大农村经济，发展农业生产力，向贫困和落后宣战”。农村基层党组织扎根基层、直面群众，肩负着带领群众发家致富奔小康的直接责任。习近平总书记强调，抓好农村党支部建设，就要把农村基层党组织建设成为推动科学发展、落实党的政策、带领农民致富、密切联系群众、维护农村稳定的坚强战斗堡垒和坚强领导核心；就要扩大农村党组织和党的工作覆盖面，加大培养青年党员力度，提高基层党组织为群众服务意识，夯实党在农村的执政基础；就要在政治上信任、工作上依靠，生活上关心广大农村基层干部，使农村基层干部成为推动农村发展、维护社会稳定的基本力量，为农村社会治理、现代农业和新农村建设服务。针对当前农村基层党组织存在的领导作用弱化、党员标准异化、组织机构虚化、服务能力弱化，不少农村基层党组织却在群众中失去了凝聚力和感召力，部分农村基层党组织的领导地位甚至受到削弱，党的先进性难以体现等问题，同时，针对新时期农村社会经济建设中出现的留守儿童的问题、农村养老问题、农民权益的保障问题、农村社会环境治理问题，需要进一步强化农村基层党组织的领导地位，优化党组织设置，增强基层党组织在农村社会治理中的重要作用和主体责任。中央一号文件《关于推进新农村建设的若干意见》中强调，在新农村建设中，要将农村基层党组织建设作为新农村建设最主要的方法，只有加强农村基层党组织的先进性建设才能不断提高党在农村的执政水平，才能确保农村基层党组织始终处于基层的领导核心地位，进而完成历史赋予的伟大而艰巨的任务。《中共中央国务院关于加快发展现代农业进一步增强农村发展活力的若干意见》指出，要强化农村基层党组织建设，必须切实发挥基层党组织战斗堡垒作用，夯实党在农村的执政基础；必须扩大农村党组织和党的工作覆盖面，加强基层党组织带头人队伍建设；必须强化村干部“一定三有”政策，健全村级组织运转和基本公共服务经费保障机制，提升推动农村发展、服务农民群众能力；必须加强农民合作社党建工作，完善组织设置，理顺隶属关系，探索功能定位；必须加强农村党风廉政建设，强化农村基层干部教育、管理和监督，开展集中查办和预防涉农惠农领域贪污贿赂等职务犯罪专项工作，坚决查处发生在农民身边的腐败问题。中共中央、国务院在《关于落实发展新理念加快农业现代化实现全面小康目标的若干意见》中指出，要加强农村基层党组织建设。始终坚持农村基层党组织领导核心地位不动摇，充分发挥农村基层党组织的战斗堡垒作用和党员的先锋模范作用，不断夯实党在农村基层执政的组织基础。严格落实各级党委抓农村基层党建工作责任制，发挥县级党委“一线指挥部”作用，实现整乡推进、整县提升。建立市县乡党委书记抓农村基层党建问题清单、任务清单、责任清单，坚持开展市县乡党委书记抓基层党建述职评议考核。选优配强乡镇领导班子尤其是党委书记，切实加强乡镇党委思想、作风、能力建设。选好用好管好农村基层党组织带头人，从严加强农村党员队伍建设，持续整顿软弱涣散村党组织，认真抓好选派“第一书记”工作。创新完善基层党组织设置，确保党的组织和党的工作全面覆盖、有效覆盖。健全以财政投入为主的经费保障制度，落实村级组织运转经费和村干部报酬待遇。进一步加强和改进大学生村干部工作。各级党委特别是县级党委要切实履行农村基层党风廉政建设的主体责任，纪委要履行好监督责任，将全面从严治党的要求落实到农村基层，对责任不落实和不履行监管职责的要严肃问责。着力转变基层干部作风，解决不作为、乱作为问题，加大对农民群众身边腐败问题的监督审查力度，重点查处土地征收、涉农资金、扶贫开发、“三资”管理等领域虚报冒领、截留私分、贪污挪用等侵犯农民群众权益的问题。加强农民负担监管工作。在新形势下的农村社会治理中，面对日益分化的农村社会阶层、日益复杂的多元利益主体、日益突出的各种社会矛盾、日益杂糅的文化价值取向等新情况，党的十八大强调，要“以服务群众、做群众工作作为主要任务，加强基层服务型党组织建设”，这为新时期基层党组织建设指明了方向。党的基层组织是确保党的路线方针政策和决策部署贯彻落实的基础。要以提升组织力为重点，突出政治功能。尤其强调要把农村等基层党组织建设成为宣传党的主张、贯彻党的决定、领导基层治理、团结动员群众、推动改革发展的坚强战斗堡垒。党支部要担负好直接教育党员、管理党员、监督党员和组织群众、宣传群众、凝聚群众、服务群众的职责，引导广大党员发挥先锋模范作用。坚持“三会一课”制度，推进党的基层组织设置和活动方式创新，加强基层党组织带头人队伍建设，扩大基层党组织覆盖面，着力解决一些基层党组织弱化、虚化、边缘化问题。扩大党内基层民主，推进党务公开，畅通党员参与党内事务、监督党的组织和干部、向上级党组织提出意见和建议的渠道。加强党内激励关怀帮扶。增强党员教育管理针对性和有效性，稳妥有序开展不合格党员组织处置工作。

加强党对农村社会组织的政治领导。农村社会组织多样化，以及多种整合力量并存的趋势和要求下，基层党内民主的有效发展，还有利于基层党组织充分获得支配、控制和领导各种基层组织的主动权，特别是通过选举、监督等民主渠道，提升农村社会对党组织，以及其产生的领导人的认同和支持，增强党组织的凝聚力和号召力，从而巩固党在同级组织的领导核心地位。从组织情况看，农村基层党组织在同级的各种组织中处于领导核心地位，这一法律定位为基层党组织在法定范围内的自主活动提供了可能性和行为平台。改革开放之后，尤其是农业税费改革之后，面对农村社会格局的深刻变化，包括村党支部和村委会在内的农村基层组织没有及时实施组织再造，管理方式落后于时代要求，在农村社会的影响力日益衰弱，村两委对做好乡村治理工作“有心无力”，导致村务废弛。强化农村基层党组织的领导地位，建立健全村“两委”联席会议、村民委员会向村党组织定期报告工作等制度，鼓励村党组织成员兼任或党员担任其他组织负责人，引导其自觉服从党的领导。随着社会组织参与乡村治理程度的加深，乡村社会必然出现不同利益群体的竞争与角逐，一旦出现非理性或恶性竞争则会成为一种负能量。组织作用的发挥来源于对经济资源的掌握，强化基层党组织对农村经济的控制力，是农村社会治理的重中之重。基层党组织是基层治理的领导核心，其他基层组织是基层治理的重要组成部分，既要始终坚持党在农村治理中的领导核心地位，发挥基层党组织领导核心作用，也要理顺基层党组织与自治组织、社会组织等其他组织的关系，完善基层治理组织体系。实践证明，只有在加强村级组织各个基本要素建设中，始终坚持和不断巩固农村基层党组织的领导核心地位，才能把广大农民群众组织起来、凝聚起来，形成推动农村改革发展的强大正能量。

第五章　网络社会治理的主要模式

网络社会的出现极大地改变着世界的面貌，影响着人们认识世界和改造世界的途径和方式，甚至影响着人们的日常生活方式。但就虚拟世界本身来说，它是人的一种意识创造活动，这种意识创造活动是以客观现实为模型的，并推动着客观现实社会的发展。同时，它又是以人的观念行为为前提的。因此，在观念设计与客观现实社会结合的基础上，以互联网等技术为媒介，就形成了网络社会。归根结底，所谓网络社会，是对现实社会的一种理想形态的模拟。

第一节　网络社会对现实社会的影响

一、网络社会对现实事件的影响

网络社会的存在对现实社会具有一定的依赖性，但网络社会对现实社会也会产生深刻甚至变革性的影响。网络社会的发展反作用于现实社会，整体上推动现实社会向前发展，形成现实社会新的特点。依托于互联网而存在的网络社会，虽然在不同程度上改变了现实社会中人们的交往方式，但它也绝不是超脱于现实社会而独立存在的。近几年，网上事件对网下社会环境的影响及网上与网下的互动，影响力呈几何状态膨胀。

网络社会的客观存在和网民数量的不断递增，造成网上出现的群体性事件越来越频繁，越来越激烈，涉及面越来越广，这直接影响着网下的现实社会，对社会及政府都提出了巨大的挑战。

网络社会的形成，改变了社会的结构，使社会分化为现实社会和网络社会，社会主体生存也随之分化为现实生存和虚拟生存。以虚拟性、模糊性、全球性、裂变性为特点的虚拟生存，是与现实生存根本区别的社会主体的一种存在方式。这种存在方式带来了人类生存中虚拟生存与现实生存、理想化生存与世俗化生存、全球生存与民族生存的矛盾。

通过对近几年“躲猫猫”“石首事件”等具有典型性的十件网络公共事件的剖析，可以总结出一些共同点：

第一，现实社会中存在的问题。之所以最后形成了震惊全国的大事件，重要原因是因为这些事件通过了网络舆论的放大。而事件之所以在网络上一步一步放大，几乎到了无法收拾的地步，除了一些网民的不理智及少数网民可能别有用心之外，对于激化事件信息的放任，也是重要原因之一。

第二，在这类事件的处理过程中，我们注意到一个现象，那就是地方决策层与网络社会严重脱节。在对比分析了有关地方政府相关部门（公安、宣传）对事件的发言与表态后发现，决策层对于网络的认知非常有限。民众现在不但生活在现实社会中，还有相当多一部分人生活在“网络社会”里，这里虽然没有“油盐酱醋”的烦恼，却是他们表达对“油盐酱醋”看法的集合地。

第三，在突发网络事件中，地方政府相关部门有不作为，或者不知道如何操作的情形。出现这一情况的主要原因，就是缺乏对网络信息和网络舆情进行统一、有效的管理。据网民统计，目前对互联网有管理权限的机构就多达 16 个，包括公安、宣传、电信等部门。正因为各个部门只管各自的一摊，很多时候互不通气，留下了很多管理上的漏洞。随着网民人数的继续扩大，这种政出多门的管理方式，越来越不合时宜了。

二、网络社会对社会心理的影响

目前，数字化技术已广泛地应用于人们的生产和生活中，通过互联网工作和学习的人群逐年增多，各种网络社区正以递增方式逐步建立，人们在一种虚拟情境中建立着自己的人际关系。由于这种社会群体交往方式的独特性，会对社会心理的演变造成不可估量的影响，使其产生不同于一般社会生活的各种社会心理因素。

（一）互联网不再只是一种冷冰冰的数字电路

由于人的参与及计算机的智能化和办公自动化的需要，互联网作为新一代的大规模信息载体，日益演变成为一种新的独立于自然环境之外的社会环境。长期依靠其工作、生活的人们势必受其影响，进而出现一些新的社会心理现象，整个社会心理也将发生潜移默化的转变，这正是技术与人类生活联系日益紧密的一个明证。不能否认，随着互联网的普及，人与人之间的直接交往日益减少，并有可能造成人际关系趋于淡漠。一些人为了逃避现实，会更多地依赖于人与机器之间的交流，如网络中即时通信平台，对话双方并不经过直接接触，通过该平台即可实现跨越空间的交流。再比如，在网络社会环境中，人们可以以任何想象的身份（即虚拟身份）参与社会交往，而非现实社会中的真实身份。网络中形成的认知表象完全取决于对方的言语特征，而后依据社会常理进行判断，可能会产生认知错位。

（二）虚幻现实

在网络社会中，所有的一切都是通过高科技手段“虚拟现实”来实现的。人与人之间的关系是模糊的，更多的表现为人对虚拟幻象的关注。人们在网络中把人的各种情感都移入了自己所关注的一些介于真实与虚幻之间的事物。如网络游戏的爱好者，会关注游戏中人物的命运并随之哀喜。人们在游戏中满足了在现实生活中因各种不如意而需要宣泄的愿望，而且此类游戏往往强调网络协作，在网络上和自己“朋友”（现实社会中根本不认识的人）精诚合作，与“敌人”战斗（可能现实社会中“敌人”又是朋友），由此满足了人们渴望受到团体承认的心理需求。

（三）互联网对社会印象和社会伦理的影响

在网络世界中，传统的社会观念已不再是影响社会印象的主要因素。人们对社会交往、社会印象由直接方式向间接方式过渡，而且对自己的知觉结果产生新的认识，深刻地认识自身，甚至有可能认识多个“自我”的存在。社会情感“移入”互联网，是一种特殊的社会心理过程，是伴随整个社会心理过程产生的心理体验和心理感受。譬如，同一个人的社会印象可能会具有不同的表现形式。在网络社会中与你关系密切的朋友，也许就是现实生活中与你关系紧张的邻居。这时，对你的邻居——这一社会生活中能够被切实感受到的个体，就存在两种不同的社会印象。

网络社会与现实社会的这种以人为中介的关系向我们昭示，现实社会伦理是网络社会伦理的文化资源，网络社会伦理必然是通过人这座桥梁，把现实社会伦理延伸到网络社会的结果。不汲取现实社会伦理的文化养分，网络社会伦理将成为无本之木。同样，网络社会伦理的作用并不局限于网络社会之中，它也将对现实社会伦理产生不可小觑的影响。网络社会伦理不可能完全与现实社会伦理相脱节，也不可能存在超越现实社会的“虚拟的”伦理。这也告诉我们，网络社会伦理与现实社会伦理发生冲突时，仍然需要人这个主体兼中介来化解。在网络伦理的建构中，人仍然起主导作用，绝不会因为网络社会的数字化特性而由数字或比特来决定。网络伦理的核心问题，仍然是人的问题。因此，需要强调的是，网络社会伦理绝不是人们空想的伦理。正如美国马萨诸塞州参议员爱德华·马基所说：“我们必经认识到，在虚拟社会里也会有真实的伤害。”网络社会伦理与现实社会伦理的冲突及其转换机制提醒人们，不仅要加快网络建设的步伐，提高网络的普及程度，而且要关注网络伦理建构的方式。建构网络伦理时，既要防止忽视网络社会的特质，把现实社会的某些规范强加给网络社会，影响网络持续健康发展的教条主义做法；也要防止借口网络社会的特殊性，任由网络社会中某些不良风气蔓延，影响现实社会伦理的现象。

总之，我们应积极调动作为网络社会与现实社会的主体兼中介的人的主观能动性和道德自觉性，突出人在网络伦理，以及网络伦理建构中的核心地位。

三、网络社会对青少年的影响

网络社会为广大青少年提供了一个广阔的社交平台，他们在这个平台上，避免了人们直面沟通时的摩擦与伤害，可以不受地域的限制与人平等交流，讨论共同的话题，在情感需求和信息需求上获得极大的满足感；另外，他们也可以在网络社会中寻找个人价值的实现，利用互联网学习、研究乃至创业等。但在开阔视野的同时，一些问题和危险对青少年也会产生负面影响。

（一）青少年网瘾日益突出

网络游戏的发展与互联网络、软件技术、硬件技术的发展基本保持同步。随着网民基数的增加，网络游戏用户也呈急剧上升态势。网络游戏是一种互联网的衍生产品，是通过网络传播和实现的互动娱乐形式。它的产生源于对高级化交互式数字娱乐的社会需求，是当今世界上最受欢迎的娱乐方式之一。但由于网络游戏本身的业务特性，也不可避免地给社会带来了一些负面影响，如很多青少年因为缺乏自控力而过度沉迷于网络游戏，导致学业荒废等。这就使得网络游戏一度被冠以“电子鸦片”的称号而遭到鄙弃和排挤。

在性别比例方面，男性青少年网民中的网瘾比例比女性青少年网民中的网瘾比例高出 5.6 个百分点，其中男性青少年网民的网瘾比例有所下降，女性青少年网民的网瘾比例则有所上升。在学历方面，大专生网民中网瘾青少年比例最高。

近一半网瘾青少年把“玩网络游戏”作为其上网的主要目的，并且花费的时间最长。

（二）不良信息对青少年思想的侵蚀

互联网所提供的信息平台，使得人们足不出户就可知天下事。20世纪80～90年代后出生的青少年，对新技术的掌握程度和接受力，远远高于成年人。但是，他们的人生观、价值观却还处于形成阶段，外因的作用对他们影响很大，特别是网络社会中的一些不良信息，往往会影响他们的价值观取向。由于青少年心智的脆弱性，导致一些青少年遇到挫折就会把自己包裹起来，并且脱离社会，成为“宅男”“宅女”一族，形成远离集体、崇尚单干的作风，他们中的相当一部分人忽视团队作用，以自我为中心、独来独往、自私自利。另外，一些年轻人通过社交平台炫富，认为人生在世就是为了贪图享受、吃喝玩乐，只想向社会索取，不想对社会做贡献。由此可见，网络社会中消极、不良信息和行为方式，从某种角度看，对集体主义的人生观、价值观产生着严重的冲击。

（三）网络犯罪威胁青少年安全。

网络日益成为青少年寻找刺激、猎奇的场所。有些网站为追求经济利益等目的，把许多黄色、暴力、未过滤的有害、低俗信息放置在网站中。由于青少年自制力相对较差，缺乏判断是非的能力，导致某些青少年品质畸变、人格扭曲，致使其道德意识和法律意识逐渐淡化，从而误入歧途，走上犯罪的道路。青少年，特别是未成年人因上网直接或间接引发的犯罪案件时有发生，引起现实社会各界的广泛关注和忧虑。

四、网络社会对经济环境的影响

互联网改变了我们的生活方式和工作模式，同时也营造了一个网络经济环境，跨境电商、在线购物、在线支付等越来越多的互联网应用，成了与现实社会相互依存的新的经济模式。

（一）新兴的网络经济模式

1. 在线购物

在线购物就是通过互联网检索商品信息，并通过电子订购单发出购物请求，然后填上私人支票账号或信用卡的号码，厂商通过邮购的方式发货，或通过快递公司送货上门。国内的网上购物，一般付款方式是款到发货（直接银行转账、在线汇款）、担保交易（支付宝、百付宝、财付通等）、货到付款等。

在线购物是互联网商业化的直接产物，也是网络社会中最为活跃的电子商务活动之一，目前，在线购物的网民为网民总数的 71.0%，其中女性网民成为消费主体。

2. 在线支付

在线支付是指以金融电子化网络为基础，以商用电子化工具和各类交易卡为媒介，采用现代计算机技术和通信技术作为手段，通过互联网进行传输，以电子信息传递的形式来实现资金的流通和支付。随着网上购物，跨境电商、滴滴打车、微商等是依托于互联网而产生的新兴业态，在线支付逐渐成为电子商务发展的关键元素。

伴随线下支付场景的多元化，移动网上支付在一定程度上已经取代实物钱包，二维码、NFC 等手机支付技术产生的巨大便利性，对居民日常生活支付方式产生了翻天覆地的变革。2015 年，手机网上支付用户规模达到 3.58 亿，增长率为 64.5%，是整体网上支付市场用户规模增长速度的 1.8 倍，网民手机网上支付的使用比例由 39.0% 提升至 57.7%。易观数据也表明，从 2015 年 2 季度第三方移动支付规模首次超过 PC 端支付，随后差距逐渐拉大。网上银行是银行的主要电子支付方式，也是几种主流支付方式中交易规模最大的一个，2015 年网上银行支付规模超过 1800 万亿，占互联网支付规模的 99%。中国金融认证中心最新发布的《2015 中国电子银行调查报告》显示，2015 年全国企业网银用户比例为 73%，个人网银的用户比例超过 40%。

第三方互联网支付是以第三方支付机构为运营主体，通过在计算机端以网关支付、认证支付等途径用银行账户或第三方账户进行支付的方式。

3. 在线理财

在线理财，是指理财者根据自身经济情况，通过网络平台自主选择适合自己的理财方式进行理财，只要身边有网络，理财者就可以随时随地在网上寻找他们感兴趣的理财项目，享受足不出户的全新理财模式。

许多传统金融企业看到了在线理财的巨大商机，纷纷在网上开展自己的在线业务，股票、基金、银行理财服务、保险等理财产品的购买及管理均可以通过在线服务完成交易，除此以外，一些新型的理财模式也已经在网上兴起，如 P2P 网络借贷等。

在线理财具有时间掌控灵活、选择范围广、产品更新速度快等特点，相较传统的柜面理财产品，在线理财不受银行或保险公司工作时间的影响，客户可自行了解感兴趣的理财产品和服务，在时间、地域选择上有很大的优势。

（二）对传统经济的冲击

1. 对实体经济的影响

网络经济是以互联网为基础，以数字化为技术支撑，以信息化进行要素配置，以网络化为运营模式的新的经济形态。它脱胎于工业经济，是经济信息化及信息网络化的必然结果。

网络经济对传统的实体经济形成了巨大冲击。首先冲击了社会零售体系。由于线上销售覆盖面广、接触半径大、产品展示空间无边界，展示成本低，库存成本低，无须巨额房租和水电费用，所以，网络销售中的产品价格明显低于线下的零售价格，对实体店造成了巨大冲击。其次，冲击了制造商和服务商生产组织过程。随着互联网的迅猛发展，对实体经济的影响也随着渗透加强而日渐深入产业链的前端。我们可以看到互联网对整个生产组织的冲击，在压缩了销售之后，巨大的网上需求开始对生产组织产生影响。

然而，实体经济所经历的冲击并非全部来自互联网。2016 年 12 月，中央电视台《对语》栏目在节目现场对与会企业家的调查显示，当下中国实体经济转型最大的挑战，“房地产摧毁实体经济”占到了 19%，“核心技术”占 14%，“虚拟经济过火”占 11%，“高税费”占 10%，“融资难”占 7%。

可见，网络经济与实体经济并不是对立的，网络经济只是对实体经济的转型升级和管理效率提升，而不是全面替代实体经济。

网络经济只是国家所倡导的新经济的一个形态，它与传统经济的区别是“在线化”。互联网对传统经济的改造首先是客户被互联网化，之后是广告营销环节互联网化，然后不停倒逼上游的互联网化，未来互联网会进入制造业、房地产、能源、装备等行业。

目前，互联网与实体经济的关系被颠倒和错配，从而造成一些地方和企业盲目将互联网推广和运用到实体企业。结果，不仅没有达到提升企业运行效率的目的，反而造成了资源的巨大浪费。因此，必须对互联网有清醒和准确的认识，及时转变观念，理顺互联网与实体经济的关系，使两者有机融合，并发挥最大效能，有力促进实体经济的转型升级，并推动实体经济健康有序发展。

实体经济只有经历住新科技的挑战、转型和创新的洗礼，才能面对明天的太阳。为应对实体经济的困境和新技术革命的到来，我国政府推出“互联网 +”行动计划和《中国制造 2025》行动纲领，以促进制造业与互联网、物联网的融合，用新经济、新业态、新动能促传统产业转型。

2. 服务规范突破与安全威胁

互联网正在深刻影响实体经济传统服务模式，移动服务、就近服务、

O2O体验服务、在线监测、远程运维等新型服务模式孕育而生，服务业态创新改变了生产者和消费者之间的关系，客户连接更加紧密，供求关系更加高效对接。滴滴出行、百度外卖、大众点评、携程等公司的移动服务、就近服务深刻改变了出租车、餐饮、住宿等行业服务模式，解决大众生活出行的痛点，促进了供求信息高效匹配和精准对接。苏宁易购、顺丰嘿店、京东到家等服务模式正在让线上线下服务融合更加紧密，客户体验更加优化。三一重工、陕鼓集团、振华港机等公司装备产品在线监测、远程运维等服务模式正在深刻改变装备制造业的服务模式，不仅提高了重大装备故障预判率，优化了售后运维供应链服务体系，更是拓展了装备产品价值来源，推进了工程装备企业服务化转型。

随着经济全球化、社会信息化进程的不断深入，经济信息网络在经济生活中占据了越来越重要的位置，对我国经济安全产生巨大的影响。

从专业角度讲，经济信息网络的安全包括网络和信息两个方面的安全性。网络安全是指在两个实体之间保证信息交流及通信的安全可靠，满足计算机网络对信息安全的可用性、完整性、保密性、真实性、实用性和可维护性等的要求。信息安全是指保护信息资源，防止不良的外来信息的入侵和防止信息的泄露、修改和破坏，保证信息安全和可靠。

随着国民经济信息化的迅速发展，金融网络和企业网络的信息系统的应用将更加广泛和深入，对安全性的要求越来越高。例如，电子商务交易中，要保证电子交易的安全性，保证机密商务资料不泄露等，都需要信息网络相当的安全性。

互联网信息传输的广域性和网络协议的开放性带来比任何一种网络都更为严重的不安全因素。特别是在冷战结束后，在国际关系中，经济关系上升到主导地位，信息网络已成为经济信息竞争和斗争的重要场所，所以，网络系统的安全性已涉及国家主权等许多重大问题，如一些国家军方和情报机构人员认为，不断发展壮大的、世界性的信息网络对国家将会是一种严重的威胁。

3. 对传统管理模式的挑战

互联网对实体经济发展产生了重大而深远的影响，对实体经济传统的组织、运作和商业模式等管理模式带来了不小冲击，让实体经济步入转型发展的阵痛期。

互联网正在深刻地影响实体经济传统组织模式，平台化组织、网络化协作、众包众创等新型组织模式正在成为企业新的组织模式，企业管理、组织和资源整合能力得到大大增强。另外，网络化管理、平台化的组织带来的零边际成本效应，正在颠覆企业金字塔型的管理模式，让企业管理走向网状化和扁平化，市场反应和决策能力大幅提高，一线员工创造潜力等得到极大挖掘。不仅阿里巴巴、猪八戒网、滴滴出行、菜鸟物流、美团等互联网公司正在利用网络平台分别在零售、工业设计、交通出行、物流运输、外卖服务等领域创新传统企业组织模式，实现社会资源的有效整合，推动传统行业互联网条件下的变革升级。传统制造企业也正在加速利用互联网改变其组织模式，海尔企业平台化、员工创客化、用户个性化的转型模式探索也正在颠覆传统制造企业管控模式，建立适应信息生产力发展的生产关系，激发企业各环节员工的创造性。

互联网正在深刻影响实体经济传统运作模式，凭借互联网信息获取的便捷性，低成本快速试错，多款少量、以销定产，从大规模、批量化的大众服务转为多批次、小批量的小众服务，提供个性化定制服务，已经成为许多企业适应新常态、把握新常态、引领新常态重要途径。依托网络平台，紧盯市场、随机应变，低成本快速学习，已经成为许多企业快速响应市场需求、提高市场变化应对能力、加速技术和产品创新重要法宝。依托社交网络，利用碎片时间，深度影响用户，实现低成本高频互动，推进企业提高用户黏性的主要模式。

互联网改变了企业的客户关系，个性化定制、用户全程参与、服务化转型等服务商业业态创新已经成了企业应对经济新常态，增加用户服务价值的主要手段。互联网强化了企业的连接关系，企业之间的竞争更加激烈、合作更加紧密，催生的平台型竞争、产业链竞争、生态圈竞争让传统竞争更加健康有序。互联网正在改变实体经济的变现模式，平台交叉模式等商业模式正在从互联网虚拟经济向实体经济渗透，从消费互联网向产业互联网领域渗透。

五、网络社会对传统文化的冲击

互联网的诞生对各国的本土文化产生了巨大冲击，人类文化也随着互联网的发展而产生了全新的变革。互联网平台的开放性，打破了传统的文化传播方式，也改变了文化的创作、生产及消费方式。

（一）网络社会对文化生活的影响

1. 网络文化

互联网技术的发展推动了网络社会的形成，同时也产生了与现实社会互动的场域。网络社会所具有的社会属性，从根本上体现了文化的特质。美国学者曼纽尔·卡斯特提出网络社会对于文化具有很大影响的观点。他在《网络社会的崛起》一书中指出："在网络社会的理想类型下所概述的社会转化过程，超越了生产的社会与技术关系领域，这个过程也深刻地影响了文化与权力。"

网络文化是随着互联网而产生的一种文化现象，它是以网络技术为支撑的，基于信息传递所衍生的所有文化活动及其内涵的价值观念和文化活动形式的综合体。它的形成过程与发展和互联网发展是密不可分的。目前，学界对网络文化并没有一个统一的界定，不同学科有不同的理解。一是认为网络文化是人们在网络社会中的精神活动及其产品，是一种新的文化生产创作传播方式；二是认为网络文化是一种技术文化，是通过互联网等信息技术而形成的文化现象；三是认为网络文化是指人们借助于互联网络进行的各种生产和交往活动而形成的物质和精神产物的总和。无论哪种理解，都说明了一点，即网络文化是伴随着互联网技术的发展而产生的，它打破了传统文化所固有的模式，从新闻出版、广播影视、文化艺术的传播，到文化知识传承、思想道德教育、人际交往、娱乐休闲等现实社会中的活动，无一不延伸到网络社会中，并对人们在现实社会中的文化形态等方面产生了极大的影响。

2. 对文化的影响

互联网给人们的阅读与传播方式带来了巨大的变化，文化内容的生产与传播不再是传统的被动式的。在阅读上，人们在不知不觉中改变着自己的阅读习惯，通过不同网站所提供的各种海量信息，获取自己所需的知识。对一些感兴趣的影视作品、书籍等文艺作品，人们不再通过传统的方式进行阅读或欣赏，而是通过互联网或移动终端设备来完成。中国新闻出版研究院《第十五次全国国民阅读调查》显示，2017 年我国成年人图书阅读率为 59.1%，数字化阅读方式（网络在线阅读、手机阅读、电子阅读器阅读、光盘阅读、PDA/MP4/MP5 阅读等）的接触率为 73.0%，较 2016 年的 68.2% 上升了 4.8 个百分点。对微信使用情况的考察发现，有 63.4% 的成年人在 2017 年进行过微信阅读，较 2016 年的 62.4% 上升了 1 个百分点。我国成年人每天接触传统纸质媒介的时长均有不同程度的减少。新兴媒介中，上网时长和手机阅读的接触时长呈增长趋势。另外，一些单纯以字母构成，没有任何注释的网络语言，成为年轻人在网络社会中特有的语言表达方式。网络语言的简约化和符号化成为它的主要特征，简约化主要来自四个方面，一是英语的音译，如“表特”，取自英文“beauty 漂亮”；二是网络游戏用语，如“烎”，中文本意是“光明”的意思，而在网络游戏中则用来表示“霸气”“彪悍”等；三是方言，如我国台湾地区的闽南话等；四是中文谐音，如“油菜”，表示“有才”。符号化则是使用英文字符等符号，用以表达某种情绪或态度等，如“XD”表示“大笑”，“BJ4”代表“不解释”，“OLZ”表示“五体投地”，“ORZ”表示“失意”或“沮丧”的心情。虽然，以上符号在语言表述上更加简约，但在一定程度上，影响了现实社会中人们的交流与沟通，同时也颠覆了传统的语言文化。

网络文化大大丰富了人们的文化娱乐生活。人们可以同时以文字、声音、图像接收来自世界各地的文化信息和娱乐节目。可以说，互联网为人类创造力的发挥提供了一个巨大的文化空间。网络音乐、网络视频、网络游戏成为人们在网络社会中主要的娱乐方式。中国互联网信息中心最新的统计报告显示，截至 2018 年 6 月，我国网络文学用户规模为 4.06 亿，网络文学使用率为 50.6%，较 2017 年底增长了 1.7 个百分点。截至 2018 年 6 月，网络视频用户规模达 6.09 亿，较 2017 年底增加 3014 万人，网络视频用户使用率为 70.0%。网民对网络音乐的使用率为 69.2%，用户规模达 5.55 亿人。网络游戏用户规模达到 4.86 亿，网民使用率从 2017 年底的 56.9% 升至 60.6%，增长规模达 4391 万人。

另外，人们还可以通过个人网站、博客、网络直播等平台进行创作，网络作家、网络歌手不断涌现。网络社会的崛起给文化发展带来了新的生产与传播方式，主要包括：第一，互联网信息的海量性，极大丰富了文化产品的内容；第二，自主性使得人们在文化创作、传播和消费者之间的界限不再清晰；第三，互联网打破了传统的文化传播边界，从一点对多点的单向性转为多点对多点的互动型模式；第四，汇集文字、视频、声音等多媒体形式，极大地丰富了文化内容的多元化。

（二）新技术给网络信息产业带来超乎想象的发展机遇

5G 技术已全面普及，5G 具有现有技术所不具备的“快”“广”“财”的优势。所谓“快”，是 5G 的根本特征，也是技术界开发 5G 的初衷。如今的商用 5G，已经实现了可以同时播放 16 部高清电影的速度，相应带宽相当于 4G 网络的数倍；“广”，表示 5G 很可能将物联网真正成为普遍的现实。而“财”，是指它可能真正把网络作为工具的使用费用降下来，把网络能够实现的增值服务和由它带来的经济活动发挥到极致。

所以，我们对新技术的期待，很多方面可能是原有技术可以带给我们但尚未完全实现的部分。

1. 5G文化产业带来资金拉动作用

5G属于电子信息产业，这是国民经济的战略性产业。一系列文化创意产业促进策略，加快了文化创意产业的发展，新技术与文化创意产业相结合，抓住国家加大5G建设力度的机会，从而促进了文化创意产业的发展迈上一个崭新的台阶。

2. 5G为文化内容提供商发展提供大量新机会

虽然5G产业链很长，文化内容提供商看似并不能获得最大的利益，但由于一方面设备商获利可预期，加上5G新增收入可能相当一部分要用以补偿4G业务下降后的损失，所以设备产业链上的收益并不令人期待。相反，由于3G和4G时代网络速度并不能令人满意，费用也高，并没有如预期中带动足够的内容提供商获利；而5G由于速度和价格的两个指标，将极大带动内容提供商的发展。据2017年11月，中国音像与数字出版协会音乐产业促进工作委员会发布的《2017音乐产业发展报告》（总报告）显示，2016年中国数字音乐的产业规模达到529.26亿，互联网音乐用户占互联网总用户的68.8%，用户规模达到5.03亿。据2017年1月北京市文化局相关统计数据显示，随着新技术的普及与应用，我国动漫游戏产业产值不断攀升，仅北京市2017年动漫游戏产业产值约达521亿元，相比2015年的455亿元，增长约15%。其中，移动游戏用户数量增速最快，北京网络游戏企业总产值约为505.63亿元，约占全市动漫游戏产业总产值的97%，占全国游戏市场收入的30.54%，其中移动游戏持续增长，产值约355亿元，占网络游戏总产值的70.2%。

但是，5G带给网络文化产业的并不仅仅是4G时代人们想到的手机报纸、手机杂志、手机广播、手机电视、手机游戏、手机音乐、手机动漫、手机广告，5G将进一步深化4G已经开始改变的用户习惯，进而改变互联网的格局，各个领域都将会得到极大的发展。视频高清化、动漫和游戏3D

化，图书和杂志进一步媒体化，实景导航，视频会议，更高速更大容量的云储存，以及云储存带动的物联网、车联网，所有传统内容和处于蓬勃发展的文化内容都会得到跨越式发展。

3. 5G 将扩大文化消费市场。

5G 技术的普及与应用，扩大了网络文化消费市场的范围。在一些发达国家或地区人均国内生产总值达到 5000 美元时，文化消费通常应占到家庭收入的 30%。而我国在文化消费方面至今仍处于初级阶段。文化创意产业发展是自上而下推动的，一些以北京、上海、广东为代表的大中城市虽然走在全国前列，但短板仍然是市场化运营。目前，我国文化主消费群体正在发生代际转化，“80 后”“90 后”乃至“00 后”的年轻人成为主消费群。随着消费主体发生变化，消费结构也会发生重要转化，社会整体将进入一个新的消费时代。

制约文化消费市场扩大的因素，主要有观念、费用和方式。观念，是指消费者的使用习惯还并没有对移动互联网产生深度依赖，尤其是年龄比较大的消费者，很多人连互联网都接触不多，何况移动互联网；费用，是指现有手机网络覆盖和网速相对价格来说是不值的，人们在进行消费之前都要掂量费用是否会过高的问题。对于 5G，很多人在听到关于可以流畅观看高清视频的介绍时，都会质疑即使达到这个网速，因为费用问题，也不敢用太多流量去看高清视频；方式，是指现在针对移动互联网的文化消费方式还处于发展阶段，对于商业应用来说，还有大量可以挖掘的消费方式。

4. 5G 将改变文化产业的生产方式。

移动视频是移动互联网时代最主要的网络产品之一，人们通常使用只是局限在视频通话和在线流媒体两种方式上。实际上，网速带来的视频应用，可以将商务办公进一步移动化。过去必须在办公室或者专门的视频室议室召开的会议，可以变成每个人利用自己的移动终端进行随时随地的工作会议。这虽然只比 4G 时代人们利用无线网络 WIFI 展开的应用拓展了一小步，但这一小步，却是将一部分人从固定的办公场所解放出来的一大步，它是真正意义上的“移动办公”。

5G 普及真正实现“移动办公”，也许能充分调动高校的研究优势，每一个研究者都成为一个移动的办公终端。过去需要高价购买的设备，在 5G 时代可能一个软件应用（App）就全部实现了。

六、网络社会对政府公共政策与公信力的影响

（一）网络社会对公共政策的影响

公共政策是公共权力机关经由政治过程所选择和制定，为解决公共问题、达成公共目标、实现公共利益的方案。在网络社会中，网络舆论已成为信息时代公共政策决定的新途径。参政议政一直是网络上的热点，它显示了人们对公共生活的关注，也体现了一种社会责任感。人们通过网络论坛、博客、微博等平台，就现实社会中的热点问题展开讨论、发表评论。近年来，政府机构、官员一直致力于通过网络这一开放空间与网民互动，以提升公共政策的力度。

《城市流浪乞讨人员收容遣送办法》的废止，说明网络社会在政策制定方面，有着与现实社会极其相似的性质。从政策问题诉求到政策问题进入政府议程，从政策议程到政策制定，网上政策制定的流程与现实世界中政策制定的流程几乎一样。网络已经成为公众参与政府公共政策制定的新途径，是公众表达其政策诉求和影响公共政策制定的信息化手段。

信息时代的来临，促使政府管理的信息化。电子政府的实施，不仅要求政府日常办公自动化和信息电子化，而且，也要求政府公共政策制定手段的网络化。基于网络舆论视角的公共政策制定新途径，有利于政府及时发现政策问题，提高政策制定的有效性和稳定性，也便于政策的顺利实施。

但是，网络社会只是公共政策制定新途径的一部分，而非全部。它和其他传统舆论一样，在舆论体系内部，不可能自成一个公共政策系统，必须与现实社会密切联系，组成一个大系统，并在这个大系统中，制定与执

行公共政策。

（二）网络社会对政府公信力的影响

习近平同志在党的新闻舆论工作座谈会的发言中强调："党的新闻舆论工作是党的一项重要工作，是治国理政、定国安邦的大事，要适应国内外形势发展，从党的工作全局出发把握定位，坚持党的领导，坚持正确政治方向，坚持以人民为中心的工作导向，尊重新闻传播规律，创新方法手段，切实提高党的新闻舆论传播力、引导力、影响力、公信力。"

1. 新媒体的出现挑战传统媒体

全球化时代，人口流动频繁，新的传播科技已经普及，网络、电话、手机各种传媒形态多元化，人们可以从不同渠道获得各种信息。这些信息来源广，传播快，而且传播者所站的角度和所执的观点各异。如果政府于事件发生时不在第一时间澄清事实，很容易加重信息多级传播中的扭曲和衰变，造成更大的社会不稳定和政府公信力的下降。

互联网络的广泛普及与创新应用，使自媒体的功能得到充分发挥，传统媒体中的"把关人"的作用被大大削弱，公众话语权得到最大限度地发挥。与此对应，各种虚假与不良信息也大行其道，"网络水军"，甚至是"网络黑社会"，无不挑战着社会的道德底线与法律底线。在这种情况下，公众利用信息的成本显著上升。在浩如烟海的信息中去粗取精、去伪存真，挑选出自己所需要的有效信息，要付出时间和精力的，这与前些年的情况不可同日而语。大量信息消耗的是人们的注意力、时间成本和接受力，也考验着人们的判断力。而对于网络上的一些公众关注的信息，特别是处理群体性事件等百姓关心的话题，只采用惯常的拖延、隐瞒、封网等信息控制方法，将会影响公正和真实信息得以传播。

2. 网络社会与现实互动，对政府的公信力提出挑战

网络社会的出现和网民数量不断递增的趋势，直接影响着现实社会。

网上出现的群体性事件越来越激烈，越来越频发，会直接影响到现实社会。如政府职能部门对舆论的反应滞后，回应不及时，就会造就公众质疑政府，给政府公信力带来负面影响。构建与互联网平台之上的网络社会所依托的社会结构是扁平的，而依靠现实世界的垂直指挥链来确立和维护的政府权力，在水平化的虚拟世界将会失去可以依托的社会结构。因此，互联网上呈现出信息流动凝结的多中心权威，也就是说，网民可以在互联网上形成多个权威，如果政府反应不当，或者不能及时顺应新媒体平台的水平特征来延伸权力，那么，政府权威不仅难以维护，其流失的速度也会加快。

一些政府部门更多的是将互联网上的信息当作舆情来进行研判和引导，并未认识到互联网信息技术革命所引发的事件是对政府结构的根本性挑战，和对政府回应能力的复合挑战。因此，在互联网上掌握话语权、彰显权威和引导思想价值等方面，都显得被动而迟钝。

（三）网络社会对公民素养的影响

1. 互联网背景下的信息素养

我国许多专家学者对信息素养给出了种种定义，归纳为三点：第一，对信息的认知能力；第二，对信息价值的判定能力；第三，有效获取信息和正确传播信息的能力。

概括而言，信息素养主要包含两个层次的意思：一是技术层面上的；二是人文层面或者伦理层面上的。技术层面上，表现为人们利用信息的意识和获取、检索、分析、评估、支配、再生信息的能力及技巧；人文层面上，表现为人们面对信息的心理状态和处理信息的动机及伦理导向。

互联网的诞生造就了新舆论场的产生。在以互联网为基础的网络社会中的信息资源，远远大于现实社会。网络上传播着各种庞杂的信息，公众对待信息的敏感程度，对社会的各种现象、行为、观点的理解、感受和评价，形成了公众的信息意识。而这种信息意识，是受其潜在的世界观、价值取向及道德观念支配的。在人们积极主动地挖掘、搜集信息的同时，在其潜意识里，已经把自己的思想、见解和偏好融入其中了，并通过QQ、微博、论坛等网络即时通信工具，传递给他人进行交流、共享。自媒体的横空出世，改变的不仅是传媒的生态，还有我们的生活和生存方式。传统媒体被从“神龛”上请下来，在互联网上，每个人只要注册一个账号，就能成为一个媒体、一个主编。平台开放、平等表达、虚拟身份、无界传播，自媒体的这些特性和功能，为公民参与公共政策和公共生活，提供了前所未有的技术支持和全新的手段，这将对公民社会主义民主建设和民主化进程产生深远的影响。一则，自媒体为公民信息素养的培养和提高提供了平台和路径；二则，自媒体自身的良性发展又有赖于公民意识和信息素养的提高。

由此可知，人们信息素养的高低，是决定网络舆论各方能否在一个共同的基准上平等对话、理性交流的重要前提。而要想达到政府、媒体、公众三方舆论的高度交集，熟练掌握技术手段固然不可忽视，但更重要的则取决于互动者的价值取向是否一致，或者说大家是不是为了同一个目的在寻求共识。如果目的大相径庭，结果必然是南辕北辙。而公众的信息素养，则是需要被教育和培养的。

不能不说，由于我国这些年的学校教育和社会教育，主要偏重于知识和技能的传授，忽视了正确价值观、人生观、伦理观的培养，社会的道德水平乏善可陈，进而使得广大公众对事物的理解总是处于一种模糊、摇摆不定的状态。许多网民也并未能理解信息素养的真正内涵。导致在信息意识方面，存在两种倾向：一是人们对周围发生的事件不加分析地实时进行传播，而其获取的信息未必真实和准确；二是带有个人目的不实之词，或夸大事件本身的信息内容，或发表偏激的、不负责的言论。

2. 培育提升公众信息素养

培育公众信息素养，需从两个视角入手，分别针对三个群体，掌握五种能力。

（1）两个视角

即科学技术和道德伦理。道德伦理是根本，是灵魂；科学技术是手段，是工具。缺乏良好的道德素养，就不可能正确地辨别和评价获取的信息，甚至会断章取义，臆造信息，扰乱社会秩序，先进的技术就会变成“帮凶”；同样，不掌握现代化的技术手段，道德素质再高，也难以在舆论场上应对自如，把正确的信息有效传递给公众。二者相辅相成，缺一不可。因此，信息素养的培育，一定要从这两个方面共同入手，不可偏废。但在面对现实时，需有所侧重，采取不同的方法。就具体的职业群体和社会群体而言，可采取“缺什么，补什么”的办法进行培养，关键是道德素质的提高；而在学校教育中，需同步进行，按照不同的年龄段，有计划、有步骤地循序渐进。

（2）三个群体

即政府官员群体、学生群体和网民群体。政府官员是网络舆论的主导者和引导者，他们的信息素养，在一定程度上，关系到网络舆论的走向。首先，要提高官员们对网络舆论的重视程度，树立以民为本，为人民服务的思想，明白“水可载舟，亦可覆舟”的道理，建立与群众血肉相连的关系。这样，才有可能发挥好引导社会舆论的作用。否则，一不小心就会成为负面信息传播的助推器；其次，要熟知党和国家的大政方针，法律法规，以及自己从业范围内的各项政策界限和业务知识，以便更好地为群众答疑解惑，提高公信力；第三，要使他们，特别是关键部门的官员，掌握现代化信息技术，提高组织协调能力和对外沟通技巧。

学生群体正处于世界观的形成阶段，求知欲强，可塑性大，而且是将来社会的中坚力量。因此，要充分发挥学校的功能，从小教育他们具有远大的抱负，树立正确的价值观、人生观和理想观，培养爱国主义情结、报国理念和集体主义精神，并适当地教授其基本的互联网实操技术、沟通技巧、表达方式等。

其他网民群体的素质培养比较复杂，他们来自不同的年龄段、不同的行业和不同的阶层，知识水平各异，因此，技术手段的培养不是重点。需动员社会力量，尤其是政府的力量，充分发挥机关、事业、企业、社区等组织的作用，本着诚信、务实、服务的态度，构建宽松和谐的网上舆论氛围，积极倡导正气正义，树立社会主义核心价值观，严厉打击歪风邪气，改善政府形象，取信于民。

（3）五种能力

无论是哪个社会群体和社会阶层，从信息技术应用的角度讲，具备以下几种能力，是提高信息素养的必要条件。

一是获取信息和处理信息的能力。即熟练地运用阅读、讨论、试验、检索等手段获取信息，并且自如地对获取的信息进行归类、存储、鉴别、综合分析和正确地评估；

二是支配信息和创造信息的能力。即准确地概括和表达所需要的信息，灵活地运用信息，并且善于创造性思维，生成新的信息成长点。

三是利用信息和信息协作的能力。即有效地利用信息，表达个人的思想、观点和诉求，发挥信息的效用，并愿意与他人交流讨论，分享资讯和见解；

四是信息免疫和拒绝信息的能力。即对于浩如烟海、良莠不齐的信息，要具备甄别、自律、自控的能力，遴选那些真实的、正面的信息，拒绝和消除不实、有害信息的侵扰和腐蚀。

五是运用信息工具的能力。即熟悉现代信息技术手段，掌握互联网知识，了解科技发展动态和趋势，熟练运用计算机、移动智能终端、博客、即时通信等工具。

总之，公民信息素养的培养是一个系统工程，它绝不仅是某个单位、部门或几所学校、几个培训机构的责任，而是全社会共同的使命；也不是一朝一夕，一蹴而就，急功近利的事情，而是需要社会长期关注，不间断、持续教育的过程；更不是具体的技术操作问题，而是集理念、思维、知识、技术、方法等为一体的综合能力的体现。未来网络社会的渗透程度，互联网的应用广度，以及对现实社会的影响深度，都是不以人们意志为转移的。公民的信息素养，将决定互联网时代整个政治、经济、社会、文化、环境有序健康发展，必须引起社会各界，特别是政府的高度重视，从现在做起，尽快采取相应措施，把提高公民信息素养作为一项重要的任务。

第二节　网络社会动员和参与

依托互联网而存在的网络社会，在不同程度上改变了现实社会中人们的交往方式，同时也使社会动员手段得到了进一步的拓展。网络社会动员是现实社会动员的补充，二者相互融合，取长补短，共同构成一个虚实合璧的、良性互动的社会动员生态环境。针对网络动员特性和现实存在的事实，充分发挥网络社会动员自下而上的“反向动员”模式，有效弥补现实社会动员的不足，将会推动全社会健康、和谐、有序的发展。

一、传统社会动员

（一）认知社会动员

社会动员是为社会发展而采取的一种策略。一般而言，社会动员是指政党、政府或社会组织、民间领袖等，为实现某一发展目标，通过各种形式的高强度的宣传、发动和组织行动，促使全社会成员形成共同的观念与情感，获得广泛认同、参与和支持，引导全体社会组织与广大民众行动起来，从而调动社会组织的潜力和挖掘全社会的资源，经过整合和引领而实现特定目标、任务的社会发动过程。其本质包括三个方面：其一，它是有组织的社会活动。社会动员是由社会组织发起的、有明确目的、引导社会成员共同参与的社会活动。社会动员中要有动员主体，无动员主体的无组织的自发活动，是无法进行社会动员的。在现实社会中，社会动员主体是政府、政党或社会团体。其二，思想动员是社会动员的核心。社会动员主体要谋求某个政治动议或重大方针政策获得社会各阶层和广大公众的支持和参与，进而影响其主流价值观和引导社会舆论，得到社会成员在思想或情感上的认可，是社会动员成功与否的核心。社会动员对象也是社会动员的客体，它由一定数量的社会成员组合而成。要使他们行动起来，需要影响和改变他们的思想观念，通过有目的地影响、改变社会成员的态度、价值观和期望等，来激发社会成员的参与热情，并使之行动起来。其三，人的动员是社会动员的根本。广泛的群众基础是社会动员成功的必备条件。人是人类社会构成的基本元素，也是社会活动中唯一具有能动性、创造性的要素，一切社会活动只有人的参与才能够完成。严格地讲，社会动员不是资源的新增，而是资源的重新配置和整合，一切社会资源只有通过人的加工改造，才可能实现重新协调和整合。

社会动员有两种基本模式：一种是以政治为核心，以集中统一、层层动员、广泛发动群众为主要手段和表现形式的传统社会动员。具体形式如体制动员、精神动员、政治动员等；另一种是以利益为杠杆，以政策引导、制度激励、社会自主参与等为主要手段和表现形式的现代社会动员，其主要是针对各种具体利益的利益动员。

（二）社会动员过程

设定目标是社会动员的前提条件，也是引导公众参与社会行动的根本，要有明确的行动目标，才可能动员和激励社会各阶层为之奋斗。社会动员的过程，应紧紧围绕着设定目标而进行，并在这个过程中，引导包括各级机关企事业单位、决策和管理人员、社会各系统、工商业界、专业学术团体和专业技术人员、宗教组织、社区、家庭和个人在内的各个方面的社会成员。激发各社会成员的积极性，调动自身资源，形成尽可能广泛的社会联合，为实现共同的社会目标而自觉自愿地采取行动。同时，在社会的不同阶层、不同部门之间建立对话机制，形成伙伴式的合作关系。通过有效的信息传播，沟通和交流，促使社会成员明确设定的目标，达成共识，并把目标转化成社会行动。这也是社会动员的主要任务所在。

经过40年的建设和发展，我国社会主义市场经济体系逐步形成，社会转型的步伐随之加快，社会结构更加趋于复杂，社会资源拥有主体呈现多元化、差别化的态势，社会活动（行动）的政治色彩也在逐渐淡化，社会动员更多地出现在一些与公益有关的社会活动或突发事件的救助中，如恐怖袭击、群体事件、地震、海啸、大型群体性活动等。由于政府资源和管理范围及职责的有限性，常常难以独立应对社会上或自然界发生的重大公共事件和灾难，必须动员和汇集社会力量共同参与处理。尽管，人们日常生活中的价值取向，主要体现在与个人切身利益相关的事情上，但对于公共突发事件或重大社会事件，仍然受到广大民众的关注，从而具有动员社会力量的潜能。

（三）社会动员机制

社会动员机制，是倡导全社会积极参与社会行动的举措。社会的各个方面发生了翻天覆地的变化，社会动员机制也由原来单一的党政动员，向党和政府主导，单位和社区及社会组织协同，广大群众积极投入的新型社会动员机制转变。以应对突发事件动员机制为例，首先，政府形成了社会动员组织机构网络，各级部门、单位协调联动，为增加动员的有效性，依据目标设定的程度，划定动员层级，进行不同程度的社会动员；其次，社区、社会组织实现了充分介入，利用自身紧贴群众的优势，发挥号召、组织群众的作用，使社会动员不留死角；最后，政府和社区、社会组织间建立起了有效的合作机制，能保持稳定的配合关系和成熟的沟通渠道，特别是能通过志愿者组织，充分管理好利用好志愿者资源，引导公众积极参与志愿活动。

目前，我国社会动员机制还不够完善。首先，在社会动员宣传教育方面，空洞的口号式宣传，缺乏公众的信服感。特别是在常规动员时期，一些缺乏科学设计论证的宣传理念和方法，很难形成凝聚力，从而降低了公众的参与度。其次，在社会动员中，人们仍然抱有一切听从党召唤的传统思维方式，社会动员本质上依然是党政主导的行政化动员。在常态情况下，这种思维方式成了制约民间组织进行社会动员的限制因素。而在非常态情况下，由于政府与民间组织对接不够顺畅，往往造成民间组织有劲使不上，或者组织无序的情况，不仅影响动员的效率，也会给正常工作造成额外负担。最后，缺乏社会动员效果的评估机制。社会动员效果的评估，是衡量社会动员效果的重要指标，也是社会动员机制中的重要环节。从定量到定性的评估指标，会对社会动员所设定的预期目标给出科学的评价，并对之后的动员进程给出科学的回答。然而，目前的社会动员机制，缺少有效的、科学的、具体的动员效果评估指标体系。

在不同时期和不同的社会氛围下，人们对社会动员理念的接受程度、响应程度都存在差异，需要对此深入访谈，不能仅凭上级领导部门决定。因此，社会动员机制建设，需要科学地把握社会动员的理念、性质及其内涵，需要对社会动员相关理论及其在社会现代化、社会活动中的作用进行综合评估，需要对调动民众参与，且关系到民众切身利益的社会动员宣传教育等进行合理设计。同时，发挥基层社区、社会组织的作用，以推进政府购买社会服务为切入点，通过项目驱动把“枢纽型”社会组织和各类社会组织动员起来，参与社会服务和管理。

为调动民众参与，应建立激励机制，以示范、激励、表彰等方式推动广大民众参与到常规化社会动员中去。在积极扶持社会组织发展、推动志愿服务活动的同时，建构规范化的渠道，通过社会组织、志愿者活动，来拓展社会动员的范围，推动社会动员的资源供给。把体制内动员和体制外动员紧密结合起来，突出社会动员重点。以日常志愿服务、大型活动志愿服务和应急社会动员为重要抓手和有效载体，建全志愿服务长效动员机制，紧紧围绕社会动员重点，健全社会动员体制机制和保障体系。从整体而言，社会动员是一个发动、教育、引导民众参与特定社会活动的过程。建立健全社会动员的组织机制、激励机制和保障机制等，教育引导民众积极参与其中，在参与中得到认可和赞同，提升社会动员的整体效果，实现社会动员有据可依、依法办事、规范有序、健康发展。

二、网络社会群体

谈到网络社会动员首先应了解网络社会群体。在现实社会中，人是社会的存在主体。人不仅是社会的组成要素之一，也是社会组织和运动的中心、核心和动力，社会的发展是以人的发展为目的和根本的。同样，在网络社会中，人也是其存在的主体。只不过在网络社会中，人不是以自然人的方式存在，而是以一种与现实相对应的镜像方式存在。

（一）网络社会个体

1. 网民

网络社会的活动主体是网络平台中的人，即通常所说的网民。何谓网民，在学界有着不同的观点，至今尚未有一个统一的定义。网民一词来自英语的 Netizen，是一个混成词，源自互联网（internet）及公民（citizen）两个概念。但现在常用 internet user(网络用户）表示。最早提出网民一词的是著名学者米切尔·霍本，他从人们主动与被动接入网络行为的角度，把网民分解为两个层面：一是泛指任何网络使用者，不管这个使用者使用网络的意图如何；二是对网络社会（或环境）具有强烈关怀意识，以集体努力的方式建构网络社群的一群网络使用者。还有一些学者认为，并非所有的网络使用者都够资格被称为网民，只有那些具有一定的特征与特质的网络使用者，才应称为网民。在中国互联网络信息中心公布的《中国互联网络发展状况统计报告》中，则把过去半年内使用过互联网的 6 周岁以上的中国居民定义为网民。笔者认为，无论以上哪种说法，都诠释了一个含义，即网民是由通过互联网进行互动交流，获取信息等操作的上网者所形成了一个新的人类社群，他们是网络社会最基本的行为活动主体。本书所说的网民，是以我国互联网信息中心的统计标准为依据的。

2. 网民的发展与变化

中国互联网网民发展大致分为四个阶段：

第一阶段：互联网在中国的启蒙和全面建设时期。

第二阶段：互联网在中国的快速发展阶段。

第三阶段：互联网的应用期和普及期。这一阶段，网民人数得到了迅猛增长。互联网普及率较 2015 年底提升 2.9 个百分点。政府更加重视互联网安全，全力打造安全上网环境，投入更多的资源开展互联网治理工作，消除非网民上网的安全顾虑，以及“宽带中国 2014 专项行动”持续开展等，进一步带动了网民数量的增加。新增网民通过不同终端接入互联网。

另外，与日本、美国相比较，中国互联网的普及率虽然相对较低，但网民的渗透率却高于这些国家。预计 2017 年，中国互联网用户渗透率将接近 70%，即近一半以上的中国人使用互联随着智能手机或终端设备使用率的提升，未来若干年内，移动互联网将继续渗透到我们的生活和工作中，在诸多方面改变和改善我们的生活和工作形态，人们对网络的依赖性也会越来越强。我国网民规模将继续呈现持续稳步增长的发展趋势。

3. 我国互联网用户结构变化

自我国有互联网发展的权威统计报告以来，网民结构发生了很大的变化。

一是城乡结构的变化。随着城市化进程加大，我国农村部分相对发达地区人口逐步转为城市人口，这导致农村网民在全国网民中的占比略有下降。据《第 42 次中国互联网络发展状况调查统计报告》显示，截至 2018 年 6 月，我国网民中农村网民占比 26.3%，规模达 2.11 亿，较 2017 年底增加 204 万人。

二是职业结构的变化。学生占网民总数的 13.6%，说明在互联网应用初期，网民的最大群体不是学生，不是广大普通百姓，而主要是一些研究、教育等企事业单位，用以与外界沟通和交流的工具与手段。

随着互联网娱乐功能的增加，以及上网设备成本的降低，上网技术的简单化，以学生为主体低龄的网民逐渐成为中国网民中最大的群体。截至2018年6月，学生网民占比达到24.8%，互联网普及率在该群体中已经处于高位。个体户、自由职业者构成网民第二大群体，占比20.3%。企业公司高中层管理人员和党政机关事业单位领导占比分别为2.8%和0.3%，一般企业、公司和党政机关事业单位一般职员占比分别为9.4%和3.8%。

三是学历结构的变化。低学历的网民占比越来越高，说明互联网的普及面不断扩大。而最新统计显示，目前，初中文化以下的网民占比达54.3%，高中、中专、技校占25.1%，大专占10.0%，大学本科占10.6%。

四是收入结构。根据最新的互联网发展统计报告显示，截至2016年12月，网民中月收入在2001～3000元、3001～5000元的群体占比最高，分别为15.3%和21.5%。

五是年龄结构。从网民的年龄结构来看，无论是互联网发展初期还是现在，年轻人均是互联网应用的主要成员。

从以上的数据显示来看，我国网民结构基本呈现一个低学历、低收入、低龄化的态势。

（二）网络社会群体

社会由无数个小型群体构成。社会群体，指通过一定的社会互动和社会关系结合起来并共同活动的人群集合体。群体的形成是建立在群体内部的相关人员的本能的认同、习惯的相同、与思想有关的共同记忆之上的。现实社会群体的基本形式主要基于血缘、地缘和业缘。如以血缘关系结合起来的，由母亲、父亲和子女共同生活在一起的一组人，称为家庭；他们共同生存活动，同时也是一个社会群体。以地缘关系结合起来的，比如同一个城市，同一个区县，同一个村落或同一个街道等，形成同乡、邻居等群体；以业缘关系结合起来的则是各种职业群体，如同事、同仁、同僚等。

群体是社会协作的产物，是一种极为普遍的社会现象，涉及人类生活的各个方面，有政治群体、工作群体、娱乐群体、密友群体等。一个人可以同时参加几个群体，他可以是家庭成员，又可以是工作群体的成员；可以参加工会组织，又可以归属于某个党派。群体是这样的一些人，他们在一定的空间和时间内相互作用，直接或间接地使有效的相互作用在持续性、广泛性和融洽性上达到密切的程度，并形成一个内部准则。学术界多数人认为，社会群体是人们通过一定的社会关系结合起来进行共同活动的集体，是人们社会生活的具体单位。

网络社会与现实社会共同构成了人类社会的群体。随着信息技术的不断更新换代，为人们提供了一个新的更广阔的互动与交流的场域，越来越多的人进入网络空间，无论你处于何地何时，都可以在这个空间中交流思想、发表评论、展示自我，构成了与现实社会有所差异的新的群体。如某个论坛中的成员，他们有着共同的兴趣爱好和习惯，遵守着共同的规则，共享相同的网络信息，并且经常进行互动沟通，呈现了一种交互作用，对论坛的发展起到了共同的作用。在现实社会中，人们在特定的区域共享生活，通过物理存在的交流方式进行互动，构成了一个现实存在的群体；而在网络社会中，人们在技术平台上把这种群体的构成进行了延伸，模拟现实社会中的交流方式，跨越时空以网结缘，形成一种新的群体存在形式。这种群体大量地存在于网络社会中，如不同背景、不同肤色的人们可以就全球某个地区发生的事件组成一个讨论组，各自的见解只需要在网络终端上完成，无须现实中的社会行为。尽管，虚实社会中群体的交流形式有所不同，但在交流数量和规则等方面还是有相同之处的。主要表现在，一是人们互动交流的基础；二是社会角色，如论坛版主与发帖者的角色，这些角色也对应了一定社会关系；三是对于群体中的违规者会被清除出局；四是有一定的归属感。

尽管，网络社会群体具有很多现实社会群体的基本特征，但在互动环境等方面却有着很大的差异。一是互动场域和空间的差异。人与人之间互动的场域和空间不同，是网络社会与现实社会较为突出的差别。现实社会中，人们在相对固定的场域中交流与互动，并形成相对固定的群体，交往空间有很大的局限性；网络社会群体则跨越了时空界限，人们互动交流的场所存在于互联网中，如在北京可以与成都或福建乃至世界其他国家的人结成群体，不会因地理位置的不同而影响或中断彼此互动的频率。因而，大量的社会组织也会利用这一点来扩大自己的群体范围。二是在现实社会中有明确的成员关系，特定社会群体中的人称自己为该群体成员，并期望本群体成员做出某种有别于群体外成员的行为。这种群体成员之间的关系不是临时性的，他们保持比较长久的交往。而网络社会群体成员之间的交往，很大程度上具有不持续和不紧密的特征。主要表现在，人们可以同时注册不同的网络社会的社团、组织。尽管，某些网络社会群体成员间的交往紧密，但从整体来看，交往不紧密是比较突出的现象。人们可以根据自己的意愿随时退出或进入某一个网络社会群体，群体意识和归属感不强也不持久，这恰恰显示了互联网的“自由”性的本质。三是社会关系相对简单。现实社会群体中有明显或不明显的领导与服从的关系，以及伴随此种关系的内部权威。而在网络社会中，群体角色和社会关系相对简单化，人们通过网络结缘，相互之间的关系不是现实社会中身份的延续。与现实社会相比较，群体中的相互依存性不是很强。四是与现实社会群体成员互动方式不同。在网络社会群体中，成员间的交流是匿名的，在规则允许的范围内，带有一定的身份虚假性。因此，成员之间，彼此缺乏认知感和认同感，也很难被其他外部社会成员认知和认同。

（三）网络社会社区

“社区”的概念最早由德国社会学家滕尼斯于1887年提出，他强调社区是具有一定血缘联系的社会共同体，而现代意义上的社区则是一个地域共同体。近些年，我国的很多社会学家开始对“社区”进行较为深入地研究。虽然，对“社区”的理解和认识各不相同，但在社区构域的基本要素上则普遍认为，一个社区应该包括一定数量的人口、一定范围的地域、一定规模的设施、一定特征的文化、一定类型的组织。虚拟社区是伴随着信息技术发展而逐渐形成的，它在某些属性上与现实社区有所差异。

1. 网络社会社区解析

社区是社会的基本单元。按照社区的空间形态来划分，现实社会包括城市社区和乡村社区。随着信息网络技术进一步发展，互联网应用不再是简单地将 BBS、各种论坛、聊天室、游戏集合在一起，而是形成了一个功能较齐全的社会，逐渐成为真正意义上的“社区式”社会。

现实社区会侧重“共同文化”和“共同地域”两个基本属性中的其中一点。如“六里桥社区”“亚运村社区”等。这些社区侧重共同地域属性；而“华人社区”“客家社区”等，则侧重共同的文化属性。不过，无论所指的侧重点如何，社区一词，都是强调群体成员之间的文化维系力和内部归属感。而网络社区不具有现实社区的地域属性，并非是一种物理空间的组织形态。网络社区概念，最早由霍华德·莱茵古德提出，指由具有共同兴趣及需要的人们组成，成员可能散布于各地，以志趣认同的形式，并以虚拟身份在虚拟空间聚合的网络共同体。由网民在虚拟空间进行频繁的社会互动形成的具有文化认同的公共领域。借助于现代信息技术，生成的与城乡社区等地域空间意义上的社区不同的网络社区，越来越成为人们现代生活的重要组成部分，浏览 BBS、进聊天室、发 E-mail. 用 Web 进行信息查询或发布，用 QQ 等即时聊天、写博客、发微博，网上购物、网上找工作、网上学习、网上娱乐、网上交友与网上恋爱等，或多或少成为许多网民不可或缺的日常活动。它形成了人们信息交流、情感寄托、知识传递、经济往来的新型社会空间。

网络社区与现实社区相比较，具有很多特性。

第一，网络社区是一个无时空的、非现实存在的空间。人们在网络社区的交往中，缩短了时间，消除了距离，忽略了文化差异。信息技术的飞速发展，使人们摆脱了现实中地理位置的限制，聚集在一个共同的非物理存在的空间中。

第二，人们隐藏在网络终端背后。现实社会中的个人信息，如性别、年龄、相貌等得到了充分的隐匿。人们的行为具有了“虚拟化”和“非实体化”的特征。也正是这一特点，容易引发网络勒索、诈骗等犯罪行为。另外，由于互联网的特性，在虚拟社区中信息传播速度快，信息瞬间为全社会知晓，人们无法在较短的时间内辨别真伪，加之放大效应，会使一些不良信息的传播给社会稳定带来了很大的负面影响。

第三，网络社区拓展了交流空间，人们可以在社区中任意表达意愿和评论，自由地创造任何自己想要创造的东西，按照自己的意愿与人交往，不受现实社会身份、地位等诸多因素的约束，实现了精神上的平等。人类社会因使用计算机和互联网技术而产生的一种崭新文化形态，即计算机文化，在网络社区中得到了具体的体现。

第四，网络社区中，人们可以感受到充分自由、民主的气息。出现危机时，社区成员可共同协商解决。然而，现实社区的等级观念，在虚拟社区中也有体现，只不过内容和形式发生了变化，如老的社区成员会轻蔑社区新成员，超级用户会获得更多的特权等。

第五，网络社区中，人与人之间的关系相对比较松散，人们可以根据自己的偏好随意进退某一社区，不受太多的条件束缚。

第六，网络社区具有不可控的特性。随着网络社区以其特有的存在方式和社会影响程度越来越大，网络事件的“叠加效应”对社会文化经济形成了一定冲击。

就网络社区和现实社区而言，前者是对后者的映射、延伸和拓展，并非凭空而来，对后者也会产生一定的影响。前者强调心理基础，后者强调物理空间，两者在社会功能实现上相互作用与补充。无论组成形式如何，所属成员必须具有某种程度的社区意识，即共同的归属认同感。

2. 网络社区功能

互联网的诞生，改变了人们的生活方式，拉近了人与人之间在社会生活中的距离，使之跨时空的全面交往成为可能。社区功能可分为两个层面：一是从网络的技术功能来看，可大致把网络社区分为以下几类：网上论坛（含BBS）、新闻讨论组、用户讨论组、网络聊天系统、多人游戏城等。这是网络社区最初发展出来的几个基本形式，其中有的社区既有异步交流的功能，又有同步交流的功能。之后，又发展出专门的网站社区和网站开辟的大型综合社区。二是从内容角度来看，第一个功能，是人们可以在网络社区中调解或调适在现实社会中的冲突，释放不满情绪。可以说，网络社区成为一些人规避现实社会挫折的"避风港"。第二个功能，是促进人们的交流与沟通。在现实社区边界越来越封闭，人与人之间层级界限越来越明显的今天，网络社区以其独有的便利性、隐蔽性等特性，构建了一个在现实社会无法满足的交流平台，提供了一个新型的生活交往环境，包括信息沟通和交流方式、民意的形成和民主的运作，获得信息资源等。如网络社区提供了实时交互的聊天服务。聊天时，除了用文字表达以外，还可调用丰富的表情和动作。任何人都可以自由出入，谈话的内容不受限制。还有一种交流方式，即由聊天室的开设者控制谈话的内容，对聊天对象进行取舍。第三个功能，是网络社区可提供各种服务。这一功能的实现，主要来自一些大的网络社区，诸如教育环境及辅助教育系统、娱乐资源和环境、医疗保健系统、社区商店、购买火车票、飞机票等服务。

网络社区为人类提供了另一类生存空间，为民众营造了一个可以同时共享又彼此分离的宽松、自由的生活环境。在社会生态日益繁杂、不确定的今天，人们的心态更接近于"本我"。网络社区最重要的功能，在于它提供了一个自由而全面发展的环境，鼓励人们最大限度地挖掘自身的潜力，展示才华。但网络社区毕竟是人们生活的一部分，它不能代替人与人在现实社会中的直接沟通与交往，不能代替人们的现实生活。因此，我们所要做的是利用虚拟的环境与空间，更好地完善自己。

网络社区是以人的交流为中心的特殊的网络服务形式。从社会交往的角度看，网络社区的出现源自人们对自由生活渴望的驱使，人们可以按照自己的生活特征，在虚拟的空间与人、与信息自由交往。当我们在质疑网络社区存在的实在性，当我们无法摆脱有关网络社区的实与虚的简单化的二元对立时，其实是在忽视以下清晰可辨的事实：即虚拟性只是网络社区的表象，实在性却是它的灵魂。

3. 网络社区的自我表达方式

网络社区中的自我表达折射的个体行为，是网络社区活动的主要内容。德国著名社会学家马克斯·韦伯认为，个体或若干个体的行动是社会的基础。网络社区中，人们利用社区提供的各种工具抒发情感和表达意见，是一种主动个体行为。其主要方式：一是论坛。这是网络社区成员最主要的活动场所，大家可以在这个区域中交流思想，探讨问题，答疑解惑等。在一些专题论坛中，如家长论坛、行业论坛等，也会形成一个个讨论区，就某个专题各自发表意见、交流感想和提出问题。每个讨论区后有一个主导者，称之为楼主（或版主），参与讨论者可根据楼主提出的主题发表自己的看法，也可与其他参与者讨论共同的话题。在这个过程中完全是一种自我表达方式。二是个人网页和网站。这是早期在互联网上的自我表达方式，人们通过建立个人网站或个人主页，宣传和展示自己，以获得他人的认知。这种方式常被很多学者或名人所采用。随着新技术的发展，这种自我表达方式逐渐被博客、微博和微信所取代。三是个人空间。QQ 空间是腾讯主打的一款在虚拟空间中表达的产品。在这个空间中，人们通过图片、视频等多媒体方式展示自己，在与别人分享空间信息的同时，也可与他人根据某个话题进行互动。四是博客。它曾是自我表达的主流方式。博客进入中国后，得到迅速发展。有人把它称为是一种新兴的、个性化的、通过互联网来实现传播目的的自媒体。博客通过电子日记的方式，记载着个人的情感、经历、社会事件评论及个人作品等。在博客应用的高峰期，很多名人开设了个人博客，政府也开始关注博客，甚至一些地方政府还要求政府工作人员开设个人博客。五是微博。微博又称为微博客，所发信息限制在140文字之内，它以简短，快捷等特性，逐渐取代了博客的烦琐与冗长。微博是一个基于用户关系分享、传播及获取信息的方式。人们可以通过不同的网络协议和各种客户端组建个人社区，实现即时的、单向发布与双向互动的方式共享信息。在自我表达的同时，人们通过微博维系着社会交往，很多普通网民、名人都建立了个人微博，各级政府与官员也纷纷建了政务微博或个人微博。据第34次《中国互联网络发展状况统计报告》显示，截至2018年9月，我国微博人数达到3.37亿人。六是微信。由于移动互联网技术的发展，以及智能终端的普及，微信近年来被用户所广泛使用。它是继博客、微博之后的一种即时互动的平台。在实现语音短信、视频、图片和文字同时，通过共享流媒体内容的资料和基于位置的社交插件“摇一摇”“朋友圈”“公众平台”等服务，建立一种社会交往关系。七是游戏角色扮演。网络游戏有别于单机游戏，即多个玩家通过互联网在虚拟环境下对人物角色及场景，按照一定的规则进行设计，以达到娱乐和互动目的的游戏产品集合。网络游戏把社会性协作引入了游戏中，是一种人造的，或者是想象中的微型“虚幻社会”。通过游戏的角色选择和扮演，实现自己对社会的认知，在游戏中展现出真实的自己，或许是正面，或许是负面，在一定程度上实现自我表达的功能。

4. 网络社区权力

网络社区的形成，是以人与人之间的互动为基础的，也会有体现它自身特性的权力结构和运作方式。郑永年在《技术赋权》一书中谈道：网络和社区可以以不同的方式进行建设。人际沟通和交换的网络是任何一个社会都具有的特征。这些网络中的一些是“横向的”，它将同等地位和权力的代理人连接在一起；而其他则是“纵向的”，它将不平等的代理人联系在一个不对称的关系中，这个不对称关系是分等级的，而且内部是有依赖关系的。网络社会关系是同等级别间的横向关系，这种横向延伸的特性，有效地打破了纵向的官僚等级结构，使社会结构趋于扁平化。网络社区权力，是网络环境下人类互动衍生出的一种权力分层结果，既有显性权力又有隐性权力。

一些网络社区中存在着与现实社区类似的显性虚拟权力，如社区管理层，它具有强制性的力量，统筹与规范社区的日常秩序。网络社区的正式权力结构，由网络社区管理公司、社区主管、各个社区管理员、各栏目版主构成。社区主管向网络社区管理公司负责，社区管理员向社区主管负责，论坛版主向社区管理员负责，采取下级向上级负责制，是一种垂直系统的管理结构。而最高权力的拥有，则是网站的建设者。

网络社区由于它所处的环境、背景和作用，存在着不同于现实社区的隐性权力，主要体现在以下几个方面：

第一，隐形性。网络社区是把一些具有相同兴趣或相同话题的人聚合在一起而形成的。话题成为人们互动的纽带和依据。在虚拟环境中，人们互动方式主要是借助文字符号，因此，对于权威的评价标准也与现实社会不同。引领话题讨论的走向，是一种话语权，它是隐性的，来自社区成员自身的素质。这种个人素质可以表现在学识丰富、见解深刻、文笔流畅优美等方面。那些有较高文字功底，或者对事件经常提出独到见解的人，往往会引发其他成员的关注，并产生影响，从而在社区中逐渐树立威望，获得权力。如论坛楼主（版主）、微博大 V 等。这些人在网络社区中，因为表现出较高的个人素质而得到其他社区成员的认可，通过自我表现获得影响力和支持率。但这种权力通常不具有持续性，可能会因为个人或事件等因素而消失。如原本拥有话题主动权的人不再参与或是较少参与此话题的互动，权力就会很快消去。

第二，不固定性。在网络社区中，权力更多地体现在话语权上，而这种话语权是不固定的。如在论坛中，针对某个帖子，一段时间内某个人可能会成为一个焦点，形成话语中心；而随着互动过程的深入，话语权会发生转变，产生新的话题。因此，虚拟权力核心非常容易由于话题的改变而易主。另外，无论权力拥有者是否具有正式的网络社区权力，如社区论坛楼主（版主），互动中权力获得的来源主要是参与者所表现出的自身素质，并不是外界强加的，因为网络社区成员要遵守社区规范，受到正式权力的约束。但是，如要退出社区也不会受到正式权力的影响和限制。

第三，有限性。由于网络社区中群体互动，是以一种松散方式存在的，因此权力影响范围是有限的。它只在网络社区环境下起作用，在现实社会中没有效力。另外，网络社区的形成并非统一的一种模式，不同的社区都会制定一些规则来维护本社区的秩序。这种显性的、强制性的权力，不会跨越本社区而去管辖其他网络社区，这一点与现实社区有所不同。

三、我国网络社会动员模式和特点

我国社会动员的形势、主体及其手段等发生了变化。特别是随着互联网技术的迅猛发展，网络社会动员以其独特的方式和不可阻挡的势头，逐渐成为社会动员中的重要角色。

（一）网络社会动员的主要特点

近年来，焦点型、诱发型、泄愤型等网络群体性事件频繁发生，而利用网络手段为主要形式的网络社会动员，以其独特的方式和不可阻挡的发展势头，逐渐成为社会动员中的重要角色。相对现实社会动员而言，网络社会动员主要呈现以下五个特点：

1. 参与的广泛性

由于互联网参与者具有点多、面广、匿名等特性，网络社会的信息传播往往呈现出一种“蝴蝶效应”。其参与度不仅比现实社会更加广泛，而且，通过网络不断扩散，还显示出无限放大的功能。目前，我国网民已达七亿多，人员结构涵盖社会各个阶层。他们通过互联网、计算机或各种终端设备，从全国各地接受和发布各种信息。面对社会上存在的现实危机和潜在危机，每个网民既可以是社会动员的受众客体，也可以是发起信息源的动员主体。他们有条件接受并处理信息，做出肯定什么，否定什么，采取什么行动的判断。这种判断，会直接影响社会动员的结果。

在网络社会动员中，通过网络传播方式来实现整个的动员过程，而这个过程是松散的，完全取决于公众个体，无法预估客体的范围和人群属性，实现目标的预期也不好掌握。因此，在网络社会动员中，若要使目标最大化，具有更广泛的社会参与度，是其基本保证。但是，如果参与者过于松散，也会给目标的实现带来某种不确定性。

2. 动员的高效性

传播速度快，是网络社会中信息流动的主要特征之一。在以发达的通信网络为基础的网络社会中，信息可以被瞬间传递出去，并迅速扩散。无论是官方的，还是社会组织，或者个体的意见表达，就如同原子运动那样，快速、不断地分裂、碰撞，短时间内便会发生作用，最终产生出巨大的社会聚合能量，动员效率大幅度提高。如果某些意见的表达是不负责任的，缺乏法律约束与社会道德规范，甚或是别有用心的，就将会演变为个人发泄怨愤的社会冲突。在网络社会动员中，以往那种通过大规模的运动来统一人们思想的做法，是难以奏效的，而谁把握了民意，谁就能够获得网民广泛认同，谁就能在网络社会动员中掀起轩然大波。

3. 目标的不可控性

在网络社会动员中，动员的目标并不像现实社会动员那样明确和可控。因为就整体而言，互联网呈现的是分布式网状结构，结构中存在诸多节点，对结构中某个局部的物理摧毁，难以对结构整体产生实质性影响。换句话说，对网络社会动员所选择的目标，短时间内无法进行有效控制。如国际恐怖组织和一些极端组织，往往是利用互联网招募成员、组织恐怖袭击、散布有利于自己的各类信息，为实现其目的进行网络社会动员。

由于我国在经济的快速发展过程中，各种社会矛盾交织，并有进一步加剧的可能，网络社会存在一种除常态与非常态动员形式之外，与社会主流相悖的非理性动员。某些别有用心的人，会试图利用网络社会动员的特征，谋求与政府和传统权威相抗争的力量。

4. 动员方式的多样性

互联网的特性，决定了网络社会动员的信息传播的多样性。它不像现实社会中，利用报纸、书刊、广播、电视等传统媒体进行的单向动员，也不是从上到下，以“决议”“指导”“指挥”“命令”等形式出现的、刚性的纵向动员，而是通过互联网、信息通信等技术手段，采取信息的“病毒式”传递方式，不断汇聚社会舆论和群体意识，作用于现实世界的过程，进而影响和推动社会进程。

网络社会的动员主要依靠网络媒体。网络媒体有着传统媒体所不具备的优势：即时性、交互性、弥漫性、匿名性等，可以即时分享信息，交流观点。特别是信息技术发展到 Web4.0 时代，为网络社会动员提供了一个很好的契机和具有开放性特征的动员平台。人们依托这个平台发布信息，同时也在接收信息。由于其信息发布的平民化、个性化、交互强、传播快等优势，人们可以相对容易地表达自己的情感与观点。这种观点经过网络传播，极易引起舆论响应与集体共鸣，从而使一个微小的事件演化为一个社会焦点话题。如利用微博进行动员。它往往始于某个微博客发布的某一条或多条微博，如果内容引起关注者的共鸣，则会被网民转发，继而再被网民的好友转发，形成发散式传播。

我们已经进入了移动互联网时代。截至 2018 年 8 月，我国手机网民规模七亿。大量交互式新媒体的出现，使人们的交流沟通方式也发生剧变。动员主体借助网络、手机等新媒体，呈现事实、建构议题、沟通信息，共同阐释、定义和重新定义社会事件，促使人们采取集体行动。可以说，移动互联网的出现，促成了又一个更加方便的交互式平台，为网络社会动员提供了一条新的途径。

5. 动员主客体的互换性

在网络社会动员中，没有明确的主体和客体，而其动员的主体和客体，是可以相互转换的。网络社会中，权威性的高低不会影响动员的效果，人们并不迷信权威或名人，价值取向以个性化为主。大多数主动参与者，某种程度上起了社会动员主体的作用。由于利益关系使然，在同一事件中的同一个人，很可能既是主体，又是客体。同时，动员主体不是单一的，可能是政府，也可能是论坛的版主，或许是微博客的博主，而通常也不是同一个人。

不可否认的是，与现实社会相比，网络社会中，人们交流的广泛性和自由度在不同程度上都得到了拓展，个人可以凭借着自己的兴趣在网络上组成不同的共同体。这种行为，在某种意义上构成了一个广域的动员环境。新媒体的出现，促进了现实社会中不可能完全实现的个人主体性的发挥。因此，动员主体的不确定性成为可能，网络社会动员主体身份的“平民化”和“非官方化”的等特征更加凸显。

（二）网络社会动员模式

互联网即时性、互动性、多元化的信息传播特点，改变了传统动员模式。网络社会动员模式，主要体现为网上网下互动，并利用网络舆论进行社会动员。论坛、博客、QQ、微博等社交网络，以及手机短信、微信等移动互联网新技术，成为社会动员的重要工具，在社会政治动员过程中发挥着重要的作用。特别是网络群体事件的动员模式，近几年受到了政府及专家学者的广泛关注。随着技术的发展及应用的普及，互联网的功能不再仅仅是信息和知识的传播，更是社会动员的工具和场域。传统互联网和移动互联网的应用，形成了多网络交往和传播形式的多样化，从而在网络社会中汇集了大规模、多形态的网络舆论。进行有效的社会动员，成为网络舆论作用于社会现实的显著方式，同时也成为群体性事件的导火索和推进器。根据网络社会动员特征，动员模式可分为三种：

一是焦点型社会动员模式。这种模式的最大特点是，由某一焦点事件引发和导致。由于事件本身具有极高的关注度、震撼力和新鲜感，因此，该模式成为现实社会与网络社会相互作用的最常规的动员模式。

二是维权型的社会动员模式。这一模式主要特点是，当公众认为自己的利益受到伤害或威胁时，采用的是在线下设定动员目标和利益诉求，然后通过网络推手或发起人在互联网进行传播，从而完成社会动员的过程，以此推动目标的实现。如近几年，连续发生在四川什郎、江苏启东、浙江宁波，以及云南昆明等地因环境保护而引起的群体性事件，就是这一种动员模式的具体表现。因此，维权型社会动员，是特定组织或机构或群体，为了谋取自身利益，通过网络"舆论领袖"发布议题，凝聚人气引起广泛关注，继而上升为群体事件的过程。

三是诱发型动员模式。这一模式的最大特点，体现在网络扩散的"蝴蝶效应"。由于信息发布的平民化、个性化、交互强、传播快等特点，人们可以相对容易地表达自己的情感与观点。这种观点经过网络传播，极易引起舆论响应与集体共鸣，从而使一个微小的事件演化为一个社会焦点话题。如一些群体性事件在开始时，事件或问题本身并不显著，影响范围和人数有限。但随着事件的发展和新媒体的介入，人们通过互联网、手机将他们的所见所闻，以文字、图片、音频、视频形式发布到网络上，充当起"公民记者"的角色，使事件的性质和影响迅速改变，逐步升级，演变为网络群体事件，继而掀起网络舆论的轩然大波，进而引发现实中的群体性事件。

由此看来，由网络社会动员而引发的社会运动都显示了网络社会中社交网络强大的跨社会阶层、跨地域、跨国界的现实社会动员能力。然而，这种力量如果不能得以有效地规范，必将对社会稳定与经济的持续发展产生负面影响。网络社会动员的目标设定、动员过程都是在线上完成的，而社会行动则是在线下完成，整个的社会动员是在网络社会和现实社会之间交替实现的。由于互联网匿名性特点，以及互联网监管还不够健全，网民在网上发的内容，往往具有随意性和不可控性，部分言论在网民积极参与中被迅速积聚为群体性情绪，并通过网络传播和放大，成为网络社会动员中一种自发的行为和诱发因素。而部分网民发布的针对热点事件，以及涉及群体利益诉求的带有群体性色彩的公开信、倡议书、呼吁书等，更会在网上迅速传播并引起网民共鸣。这种动员模式常常是引发群体性事件的直接导火索。

四、网络社会动员的现实存在性

（一）网络社会动员的现实存在分析

随着经济的高速发展和社会形态的转型，社会动员也发生了比较大的变化，逐步形成了党和政府主导、单位和社区及社会组织协同、广大群众积极投入的社会动员机制。特别是互联网时代，网络社会动员的频繁出现，线上和线下的相互交织，形成了一种新的社会动员模式：一是由于多元化与充满冲突的转型社会中，日益觉醒的草根阶层维权意识空前强烈，但发表意见的渠道却不够通畅，网络动员成为常规渠道下个人表达和需求受限的替代性补偿；二是因为网络的媒介特质和日益强大的影响力足以担当起社会动员的重任。

1. 预期目标的设定

目标明确，是现实社会和网络社会动员共同的特征，即将预期的社会目标传达给被动员群体，通过不同的动员方式，使之行动起来，参与到其中，以期共同实现这一目标。从广义上讲，现实社会与网络社会都拥有共同的被动员的受众人群，并且在动员过程中力求参与群体最大化。动员主体上也有所重合。从狭义上说，网络社会动员是现实社会动员的补充。

网络社会动员中，既存在现实社会中的常态与非常态形式，也存在一种与社会主流相悖的非理性动员。由于经济社会的超常规发展，各种社会矛盾加剧，某些人会试图通过网络社会动员，获得与政府和传统权威相抗争的力量。互联网增强了“草根阶级”从底层重建社交结构并构筑集体认同的能力。自媒体时代，个体的意见表达，就如同原子运动那样，快速、不断地分裂、碰撞，最终产生出巨大的社会聚合能量。如果这种个体的意见表达是不负责任的，缺乏法律约束与社会道德规范，甚或是别有用心的，就将会演变为个人发泄怨愤的社会冲突。这种冲突，因网络动员的交互性与传播的快速性而更具破坏力。这在近几年发生的群体性事件中就可以窥见一斑。如在中国与日本关系出现低点的时候，通过微博、微信等发出的抵制日货动员层出不穷，反映到现实社会，导致了群众的一些不理智行动。透过这些表面行为，折射出对现实社会的不满情绪。

2. 主体与客体的关系

现实社会动员有比较明确的主体和客体。在非常态情境下，动员主体主要是政府，或者是政府组建的特定机构等；在常态情境下，动员主体主要是基层自治组织、社会组织等。这些主体运用行政权力或组织自身的威信，对作为被动员者的大众或组织成员进行动员，使被动员者按照发起者的意图进行较大规模的社会活动，以达到发起者预期目的。由于政府掌握着大部分社会资源，可以比较方便地调动人力、物力、财力，特别是在突发事件及重大社会事件中，凸显了政府社会动员的能力。因此，政府在现实社会动员中起到了其他组织无法替代的作用，并且容易对社会动员的过程进行主动地、积极地干预，使之向着政府所期望的方向发展。

但在网络社会动员中，动员主体不一定是政府，它也许是论坛的版主，也许是微博客的博主，而主体通常不是同一个人。匿名性是网络社会的主要特点之一，尽管实名制已广泛应用于微博等即时通信平台中，但大部分人在使用过程中，仍然以个人代码为主，如微博中的命名、QQ 中的昵称等，前台使用者无法确认发起者和组织者的身份。所以，相对现实社会动员主体的“官方”背景而言，网络社会动员主体的身份更具有“民间化”“非官方”的特征。

网络社会动员试图通过互联网、信息通信等的技术手段，采取信息的“病毒式”传递，汇聚社会舆论和群体意识作用于现实世界，影响社会事务或社会现象的过程和结局。其能否达到预期目标，取决于动员者发布的信息是否会引起被动员者心理上的认同，或与被动员者自身利益的关联度。

其中“牵涉的利益关联包括社会利益、经济利益和情感利益等”。

在网络社会，人们并不迷信权威或名人，价值取向以个性化为主，大多是主动参与，某种程度上起到了社会动员主体的作用。网络社会动员的主体与客体，是可以相互转换的，由于利益相关使然，在同一事件中的同一个人，很可能既是主体，又是客体。

网络社会动员客体有两个较为突出的特点：一是认同感。这种认同感越强，所产生的凝聚力越大，越接近目标的实现；二是年轻化。网络社会中以年轻人为主要群体，他们也是社会动员中的主要对象。据《第39次中国互联网络发展状况统计报告》中的数字显示，在7.31亿网民中，其中10 ~ 39岁年龄段的网民比例是73.7%；20 ~ 29岁年龄段的网民占比最高，达30.3%。大部分人具有初中以上的文化水平。由于年轻人自我意识较强，他们往往以自己的理解来判断动员目标。因此，他们不会盲目地跟随或被动跟进，主动参与是他们最大特点之一。

3. 动员手段的拓展

在目标明确的前提下，能否通过有效的宣传鼓动策略唤起广大民众采取共同行动，采取什么样的社会动员手段是关键的因素。多年以来，报纸、书刊、广播、电视等大众媒体在社会动员中一直扮演着重要角色，是现代社会动员的重要工具。由于以上工具均只具有单向传播的功能，易于管理、控制，故此，在现实社会中，多为强制性动员，公众缺乏主动性。这种动员是一种从上到下的、纵向的刚性动员，常常以“决议”“指导”“指挥”“命令”等方式，依靠行政手段进行，如通过动员大会、誓师大会等进行集中式动员。这种“命令式”的灌输，并不关注客体的信息反馈，以及指令传输过程中渠道的畅通，有时会形成“肠梗阻”，影响预期目标的实现。

网络社会的动员主要依靠网络媒体。网络媒体有着传统媒体所不具备的即时性、交互性、弥漫性、匿名性等优势，可以即时分享信息，交流观点。特别是互联技术发展到Web4.0时代，为网络社会动员提供了一个很好的契机和具有开放性特征的动员平台。人们依托这个平台发布信息的同时，也在接收信息。由于其信息发布的平民化、个性化、交互强、传播快等特点，参与者可以相对容易地表达自己的情感与观点。

公众在使用互联网时不会受到任何限制。这就意味着，人们在网络社会里活动，可以获得在现实社会中所无法拥有的、某种意义上的更大权力。互联网易用性和广泛性，在一定程度上给社会动员手段提供了便利的条件。但与此相随，它也给一些危险分子进行恐怖活动提供了场所，为那些贪婪、缺少理性的人们创造了肆意宣泄的环境。近年来，网络谣言等负面情绪不时会出现在互联网上，他们通过互联网以一种煽动式的语言发表在微博、微信、论坛等社交网络上，获取网民的关注，然后通过网民的不断转发实现其负面动员的目的。

无论是现实社会还是网络社会，动员手段各有利弊。毫无疑问，网上网下交互式的动员手段，必将成为未来的一种动员方式而被广泛应用。

在社会动员中，主体与客体之间的信息互动是不可忽略的一个环节。现实社会动员的主体清晰、明确，处于强势地位，但信息的互动比较弱化。而网络社会动员的主客体界限相对模糊，信息沟通渠道较为畅通。动员主体可以通过评论、回复等手段随时了解目标实现的效果及各种反馈信息。在这个平台上，信息是公开透明的，无论是动员主体还是客体都可共享相应的信息，通过互动讨论加速信息的传播，是一种可以充分利用信息资源的有效动员方式。

4. 网络社会动员对现实事件的影响

我国网络社会动员，主要表现在两个方面：一是以公益行为为主要目的的网络动员；二是对现实社会不满而引发的一些非理性群体性事件，并通过互联网等现代传播手段进行动员和抗议。随着网络社会的出现和网民数量的不断递增和普及，不仅改变了群体性行为的动员环境，也改变了现实动员的组织方式。对社会中发生的群体性事件，网络动员往往起着一种推波助澜的作用，它因为其方便、快捷、低成本等特性，给群体性事件的动员带来了前所未有的便利，大大缩短了动员过程。如果政府与网络社会中的相关动员主体互动不够顺畅，在如何发挥网络社会动员的作用上认识不到位，仅是被动接受网络社会动员所产生的效果，就会失去社会动员的主导地位，从而影响事态的发展。

（二）引导网络社会动员发挥正能量

1. 网络社会动员自下而上的“反向动员”模式

在未来的社会动员中，网络动员将会起到越来越重要的作用，尽管现实社会与网络社会在动员主、客体和实现方法等方面存在差异，各有优劣，但在实现目标上应该是一致的。网络社会不可能脱离现实社会而独立存在，现实社会也不可能忽略网络社会已经存在的事实，二者理应相互融合，取长补短，共同构成一个虚实合璧的、良性互动的社会动员生态环境。网络社会动员要取得实际效果，就不能仅仅停留在虚拟空间里，必须扩展至现实世界，转变为现实的社会动员。这不仅需要动员主体在网络中做出努力，更需要动员客体在现实世界中做出反应。人们有时总把网络社会动员与群体性事件中的负面信息联系在一起，这种思维方式本身就有局限性。作为Web4.0时代的今天，互联网提供了一个更加快捷的交流互动平台，我们完全可以通过这个平台释放更多的正能量，如利用微博平台动员社会救助流浪儿童等。因此，要充分发挥网络社会动员自下而上的“反向动员”模式，有效弥补现实社会动员的不足，从而推动全社会健康和谐有序的发展。

2. 有效利用新媒体，释放正能量

以社交网络为平台的新媒体时代的社会动员方式，使公共事件具有更广泛的社会参与度。特别是微博诞生之后，打破了传统媒体对公共议程单向设置的功能，使普通大众关心、关注的问题更容易进入公共视野。人们利用新媒体设置议题，以便引发大众的关注，有些是发帖人有意为之，有

的则是意外之惊。微博作为新媒体的代表之一，它所传播的信息本身的内容特征，对形成公共议题起到了关键作用，甚至会成为舆论事件的重要导火索。舆论被点燃后，微博通过不断补充信息和内容，影响着舆论的走向。从这个意义上说，它是舆论传播的方向盘和加速器。

在一些群体性事件中，微博的发布者许多是事件的参与者、见证者或者知情者。他们自身并不一定是微博舆论形成的重要节点和关键步骤，但是他们提供的议题具有“易燃性”，经过“意见领袖”和其他人的转发、改写、充实；评论后，形成强大的力量。通过微博广泛的传播，在网络中自行组织，形成强大的社会动员力量，将网民从虚拟空间引向现实行动。因此，需要构建具有正能量的网络社会动员空间，就要借助于新媒体的力量，形成一个健康向上的微博空间。近年来，政府在新媒体的认识上有所提高，政务微博数量不断攀升，并积极利用微博为政府服务，在微博问政、议政与参政方面积累了有益的经验，彰显了微博作为政府与网民沟通桥梁的独特价值。但是，政务微博无论从层次，还是内容上，都远远落后于大众微博。形式大于内容，是政务微博不能进行有效社会动员的要因。因此，行政管理部门应对各级政务微博进行制度化建设，对政务微博的形式、内容、维护、反馈及评价等，都应该有明确的规定。政府机构应当积极占领微博这一舆论阵地，并通过日常沟通加强与网民的互动，在政策的制定、实施等过程中充分与民众沟通。

第三节　网络社会的治理模式

网络社会的存在和发展依赖于现实社会，是现实社会的延伸和超越，网络社会中的社会现象和社会行为都能在现实社会中找到“影子”，并且与现实社会相互呼应。网络社会中人们的行为对现实社会的不同领域产生影响，同样，现实社会所发生的事件也在网络社会引发反响和震荡。因此，认识和解决网络社会中的种种问题，既要找到其根源，破解其影响因素，也要不断化解网络社会中的矛盾和问题。随着互联网技术的发展和普及，人类对网络社会的依赖性逐步增大，网络社会治理日益提上了议事日程。对于网络社会的治理，国际上普遍达成了共识，但方式上却不尽相同。

一、网络社会治理基本内涵

网络社会治理的本质在于，人们所不断依赖的网络社会环境的有序性。治理主体由政府、企业、社会组织，以及个人共同参与的多元主体所构成，因此，明确网络社会治理任务和基本原则是网络社会治理成败所在。

（一）社会治理

1. 何谓治理

“治理”一词来自英语的“governance”，它被赋予了很多的解释，并一直流传于学界。“治理”的概念兴起于20世纪末，它出现于包括经济、公共管理、社会学等诸多领域。在国际上，世界范围最具影响的“治理”概念的定义，是全球治理委员会在《我们的全球伙伴关系》中的定义，该定义被人们广泛引用和传播。《我们的全球伙伴关系》中指出，“治理是各种公共的或私人的个人和机构管理其共同事务的诸多方式的总和。它是使相互冲突的或不同的利益得以调和并且采取联合行动的持续的过程。这既包括迫使人们服从的正式制度和规则，也包括各种人们同意或者以为符合其利益的非正式的制度安排”。同时也指出，治理是一个动态的过程，并非单纯的规则或者活动；治理的手段是协调、合作，而非控制；治理的领域既涉及公共领域，也涉及私人领域；治理是一种持续的互动，并非正式的制度安排。

我国学者在这方面做了很多研究，治理是指在一个既定的范围内运用权威维持秩序，满足公众的需要；治理的目的是指在各种不同的制度关系中运用权力去引导、控制和规范公民的各种活动，最大限度地增进公共利益；治理是包括政治权威的规范基础、处理政治事务的方式和对公共资源的管理。它特别关注在一个限定的域内维持社会秩序所需要的政治权威的作用和对行政权力的运用。作为一种管理方式，治理有以下四个特征：治理不是一整套规则，也不是一种活动，而是一个过程；治理过程的基础不是控制，而是协调；治理既涉及公共部门，也包括私人部门；治理不是一种正式的制度，而是持续的互动。贺雪峰教授则认为，治理是指为获得公共秩序而进行的各种活动，包括协商、合作、自上而下的管理和自下而上的认同。这对农村政治社会研究特别有用，因为村民自治作为一种社会民主形式，其实质就是一个治理问题，或"善治"能否实现的问题。

还有一些学者认为："治理"本身是一个不断发展、不断完善的概念，从"公司治理"到"公共领域治理"的拓展就充分说明了这个名词的延展性。治理实际上是对公共事务管理机制的制度创新。它打破了公共领域与私人领域、国家与社会的传统思维模式，把有效的管理看作两者的合作互动过程，力图建立起全新的公共事务管理新范式。

2. 管制、管理与治理

无论是现实社会还是网络社会，政府都应恰如其分地为自己定位，特别是在网络社会中，政府要摆脱传统的思维，重新定位政府与网络的关系，深入探索政府在网络管理中的角色定位。

在网络社会管理机制中，政府的准确角色定位应该是"治理"，而非"管制"。虽然，仅一词之差，但它们所涉及的管理理念却有本质的差别。

"管制"字面意思是"控制、规章和规则"。从西方学者对于管制理论研究的文献中可以看出，"管制"是指政府对企业市场活动的直接干预，其内容包含了管制，主要由政府主导；管制需要立法，提供法律依据；管制过程中，企业和个人属于受管制群体等内涵。由此可见，对于网络社会而言，"管制"是由政府通过制定一系列政策法律来对网络社会中的违法行为进行干预的活动。而"治理"是一个比"政府管制"更加宽泛的概念，一般指"社会"与"政府"的共管共治，强调市场、社会组织和个人在社会管理中的重要作用。从内涵可见，治理的理念最适合网络社会的发展与管理。

从管制和治理这两个概念的内涵来解析，管制的主体是政府部门，企业或者个人只是命令的执行者；而治理的主体则是多元化的，包括行业协会、非营利组织等，政府部门不再是唯一的权力中心，更多地强调彼此间的互动与协调合作。从权力运行的方向看，管制是一种自上而下单向运作过程，是单纯的控制与统治，而治理则是一种上下互动、相互协商的多元关系。从运作手段来看，治理的手段比管制更加多元化，不仅包括法律法规，也包括自律、教育等。互联网的特性决定了在网络社会中崇尚的是个人自由领域，采取治理的方式而不是管制，会更适用于网络社会。

（二）网络社会治理

近年来，随着互联网应用技术的不断普及，网络社会治理已成为互联网时代国家治理的有机组成部分，并且越来越得到政府和学界的广泛关注。美国著名的未来学家阿尔文·托夫勒在《再造新文明》一书中谈到，人类文明的发展过程，经历了三次浪潮的冲击；每一次浪潮的冲击，都会带来社会生产力的大幅度提高，生产关系的急遽转型，进而引发社会结构的重新构建。人们的生产、生活方式，甚至价值观念，也会随之改变，形成一种新的文明。在信息社会里，整个社会结构都会改变。同质社会将被多样性社会取代；生产经营上的大众营销将被市场细分取代；家庭结构开始分崩离析；大众媒体分众化；人民生活形态与价值观趋于多元化。同时，旧有的权力结构和管控方式已不适应社会的要求，政治分类不再有原来的意义，世界将不会再回到工业社会时的服从领导、统一意志、官僚主义、霸道经济的时代了。

当今的社会，正处在第二次浪潮文明和第三次浪潮文明的冲突期，或者说是转型期。不论你是否愿意承认，目前，由信息技术革命所引导的第三次转变，已经对许多国家产生了深刻的影响。认识到这个历史现实的团体和政党，将会生存下来；而无视这个现实的人或团体，终究会被历史的洪流所吞没。

就像农耕社会的推动者是冶铁技术的发明，工业社会的推动者是蒸汽机和电力技术的发明一样，新兴信息社会的形成与发展，也是由技术进步所推动的，其核心乃是20世纪90年代掀起的计算机技术革命和基于网络技术所构建的互联网络。它们的产生、演变及社会软件的持续开发，为现代意义上“网络社会”的崛起，奠定了坚实的物质基础，也是受第三次浪潮冲击，致使社会结构不断更迭的滥觞。

研究者们对网络治理的内涵也提出了诸多的观点。第一种观点认为网络社会治理，是指以互联网络和网络社会为主要指涉对象，在借鉴并适当沿用现代社会治理的价值理念、制度设计、体制建构和手段方式等的基础上，由政府、企业、社会组织，以及个人等多方主体和多种社会力量参与其中，彼此通过协同努力来实施的一种社会治理的实践类型，目的在于形成网络社会生活的正常运行状态和群体生活秩序，促进网络社会文明的健康持续发展。网络社会治理，其实也就是针对网络社会共同体生活而实施的一种社会性治理。

第二种观点认为二元或多中心治理模式已经难以适应网络社会治理的需要。网络治理更适应网络社会多元、去中心、互联的特点，在各个层次上向着更交互、更自反，以及更善于沟通的掌舵与协同治理转型，并且参与主体间的相互依存关系也得到了加强。

第三种观点认为网络社会的治理最终需要建立起“引导—协商—立法—自治”四位一体的综合治理体系。

根据以上学者们的观点，使我们认识到，网络社会从组织结构、社会关联度等方面都不同于现实社会，它呈现了一种个体互联、异质、单元间高度关联、低密度、多元社群、横向结构及媒介交流等特征。因此，网络社会治理是一种多主体协同参与、扁平式关系、灵活的沟通方式的共治过程。

（三）网络社会治理基本原则

网络社会治理是全球范围内面临的全新课题，也是各国政府较为关注的问题，并且根据不同的国情，遵循着各自的治理原则进行网络社会的治理。如欧盟秉承的是自由、尊重隐私等原则；英国的治理原则则是：现实社会中一些领域的相关法律对网络同样适用，如《刑法》《公共秩序法》等。

中国接入互联网已有多年的历史，在网络治理方面还在进行着不断地探索，根据互联网的基本特性和国情，在网络社会治理方面应遵循以下基本原则。

1. 科学化原则

网络社会治理必须打破传统的管理思维，要以科学化的管理思维和有效的治理手段进行网络社会治理。全面深化改革的总目标是推进国家治理体系和治理能力现代化，这一总目标将会促进科学有效的社会治理体制的形成。对加快网络社会治理体系的建设起到了积极的作用。网络社会的存在依托于互联网，它同时也具备了一定的社会属性，因此，治理网络社会不能单靠技术来完成，更多的是依靠技术的和社会的科学方法和手段来解决。

2. 法治化原则

信息网络的快速发展已成为社会治理面临的新课题，为依法治国带来了新的挑战。由于网络社会是现实生活的延伸，规范现实社会关系的法律体系也需要向网络社会延伸，因此也成为依法治国的重要领域，只有通过法律来规范和治理网络活动，才能确保网络社会的健康发展。依法治网也是全球共识，依法保护网络社会权益、管制不法行为是国际社会的公认做法，网络空间在任何国家都不是法外之地，当然，不同国家应该结合各自网络社会特点制定与之相适应的网络治理法律体系。我国也不例外，我国在制定相关法律体系时需要结合我国的特点规划制定有中国特色的网络社会法律治理体系。

3. 政府主导原则

在社会治理中，政府在政策制定和公共事务决策中一直发挥着主导作用。虽然，网络社会是存在着多中心、虚拟化的特点，仅仅凭借政府的单一力量无法有效管理网络社会，但网络社会的治理不能离开政府参与。与现实社会相比，网络技术将政府、企业、社会组织与个人紧密联系在一起，Web4.0 技术使得政府不仅成为网络社会的核心，而且通过数据开放、公众参与互动使得政府成为社会服务与公共决策的核心平台。政府在不断推进依法治网、网络安全和信息化建设工作中占据着主导地位、发挥着引领作用。随着网络活动快速渗入我国社会，我国政府迎合社会发展需求，将网络社会管理创新纳入创新社会管理的重要组成部分，进一步加强网络法制建设、加快监管体制建设。

4. 多元参与原则

网络社会中博客、微博、微信等新媒体的应用，为公民参与社会治理创造了天然的条件。一方面，新媒体的应用为社会大众利益诉求提供了一个及时快捷的渠道；另一方面，也为公众参与公共管理、政府决策和公共服务提供了可能，从而使得普通民众可以通过网络发出自己的声音，也拥有了参政议政的机会。因此，我国网络社会治理需要构建政府主导下，各种网络社会主体共同参与的多元协同治理机制，综合利用各种有效手段，充分调动各个主体共同治理网络社会的主动性、积极性。

5. 虚实结合原则

网络社会存在于互联网之上，换句话说，它的存在完全依赖于互联网基础技术平台，如果没有互联网，网络社会也就不复存在。由于互联网本身的技术特点——分布式、开放式和广域性，网络社会由此具有非中心性、跨时空性、高流动性、虚拟性及松散性等特点，而这些特点与现实社会存在着很大的差异性。与此同时，尽管网络社会有其独特性，但与现实社会也存在着千丝万缕的联系，往往一个突发事件线上线下的相互呼应，形成了有一种你中有我、我中有你的相互依存关系。因此，网络社会治理应考虑其自身的特殊性，又要吸取现实社会治理中好的做法和机制，形成一个完善的网络社会治理体系。

6. 全球化原则

随着黑客攻击事件频发、网络空间犯罪案例急速增长、网络恐怖主义日趋猖狂，很多国家已经意识到由于自身网络都是全球网络生态中的一个组成元素，网络社会治理不能仅仅依赖本国力量，而是迫切需要全球各国的协同合作、共同治理。习近平总书记在第二届世界互联网大会的主旨演讲中，从全球互联网治理角度，提出了尊重网络主权、维护和平安全、促进开放合作与构建良好秩序四大治网原则，指出“网络空间，不应成为各国角力的战场，更不能成为违法犯罪的温床”，对于网络空间的违法活动和犯罪现象，“都应该根据相关法律和国际公约予以坚决打击”。我国积极推进网络空间的全球共治，一方面为了维护本国网络安全，另一方面也在国际社会中树立了负责任的网络大国形象。

二、网络社会治理的政府责任

习近平总书记在关于《中共中央关于全面深化改革若干重大问题的决定》的说明中，针对互联网发展管理中存在的问题，提出了“坚持积极利用、科学发展、依法管理、确保安全的方针，加大依法管理网络力度，完善互联网管理领导体制。目的是整合相关机构职能，形成从技术到内容、从日常安全到打击犯罪的互联网管理合力，确保网络正确运用和安全”的战略方向。

毋庸讳言，在现实中，面对网络社会的挑战，我国各级政府尚未找到符合其特点的、有力有效的管控方式。表现为前端管理缺失，方法陈旧，要么放任自流，要么粗暴干预。对现实社会的管理，政府已经有了丰富的经验，但对网络社会的管理，无论是管理理念，还是管理方法和手段等，都处于探索阶段。政府在网络社会里的执政能力，远低于现实社会中的执政能力。比如，对一些网络信息，简单采用堵、封、删的方法，造成信息流转不通畅，甚至引发了百姓与政府官员的对立情绪。究其原因，一是对网络社会的迅猛扩张之势估计不足，没有意识到网络社会中的舆情是现实社会的反映，事到临头，始料不及，束手无策；二是过分放大了网络社会的负面效应，将其视为洪水猛兽，一味排斥；三是知识不足，不了解网络社会的运作规律，不能熟练掌握现代信息技术和互联网上独特的信息交流方式，造成管理上的“失语”状态；四是法律、法规不健全，不适用。因此，如何在网络社会治理中发挥政府有效作用是一个重要的话题。

（一）网络社会中政府权力和责任

网络自由主义的布道者、著名的科技评论者约翰·派瑞·巴尔特在线上讨论区贴了一个“虚拟空间独立宣言”，声称网络新世界是创新、平等、公益的，永远不受政府管辖。这个主张得到广泛响应和普遍认可，反映了公众对网络社会管理冲破传统领域管制手段的期待。因此，人们所寄托美好憧憬和预期的“自由天地”，必须接受类似现实社会的有序治理。

由于互联网是一个分布式的拓扑结构，决定了网络社会不存在一个最高的权力机构。但是，诸多的社会问题并不能通过互联网自身就可以解决，必须有赖于政府扮演治理者的角色。因为网络社会治理，关系到国家和百姓的利益，以维护国家和百姓利益为己任的政府，理应承担网络社会治理的责任。而网络社会治理能力的强弱，也是评价一个国家的综合国力、经济竞争力等方面的重要内容。但是，政府主导下的网络社会治理，并不意味着政府控制一切，大包大揽。首先，治理一定要不同于传统的管制行为，从单向性管制，向多向性、互动性转变，要采用更加多元、更加灵活的治理方式。选取更合适的治理方式，对实现网络社会有序运行有着积极推动作用。其次，在治理理念的引导下，政府相关职能部门必须明白公众参与网络社会治理，重构社会治理体系，是今后的发展方向，对于网络社会问题可以从不同视角出发找到新的解决方案，从根本上实现政府治理在网络社会的深刻转型和华丽转身。

（二）政府网络社会治理内容

网络社会治理是近几年人们比较关注的问题，网络社会存在的问题所涉及的范围并不亚于现实社会。网络社会治理的核心内容主要集中在社会秩序与道德规范的维持；网络犯罪的惩治与预防；经济秩序和舆论生态的维护等方面。

1. 建立良好的社会运行秩序是保证国家稳定的关键

由于网络社会是由现实社会中的人组成，人也是网络社会行为主体，同样具有社会的基本属性。而这种属性不会因为人们从“网上”到“网下”两个场域的行为活动，而发生本质上的变化。因此，网民在网络社会的各类行为活动是否能够有序和规范地正常展开，是网络社会治理的重要内容之一。政府要把现实社会中现有的法律法规推演和移植到网络社会中，并在这个过程中不断完善，构建符合网络社会所具有的“虚拟化”特征的网络文明规则和网络伦理道德标准，以惩治和约束网民的不法行为。就网络社会的网络文明准则和网络伦理道德规范而言，与现实社会相比较，并没有多少新型的建构任务，毕竟网络社会生活也仅仅是网下社会生活的一种网络延伸而已。另外，政府需要通过信息公开引导网民规范他们的网络行为活视，强化人们对网络社会行为规范的自觉认同和有效实践。

2. 建立良好的网络社会商业秩序是政府对网络社会治理的重要内容

经济活动的数字化而网络化，使其突破了传统的活动场域，进入了网络社会，电子商务的兴起带动了经济实体的变革，经济活动的整合化和管理结构的扁平化，以及消费者与经营者和生产者之间的界限模糊，形成了网络社会经济的特点。尽管在这个环境中，政府的权力被削弱，并不像在现实社会中起到一个宏观调控的作用。但是在现阶段，建立良好的公平竞争和服务环境，制定规则以降低网民在电子商务活动的风险，减少人们财产等方面的损失，则是政府的职责。

3. 建立良好的文化生态环境

新媒体时代，人们通过互联网获取海量信息。然而，信息化程度的提高，并没有因此而消除异质文化间的矛盾与差异。这种差异不仅体现在现实社会中的政治制度、经济体制，以及价值观念、伦理道德、文化传统等诸多方面。同时，在网络社会中也体现了人们对互联网精神所提倡的开放、平等、自由和共享含义的不同理解上。特别是对话语权体系结构的“去中心化”、舆论场域媒体的多元化的模式下，政府应了解网络社会特点，以技术监控为手段实时监控不良信息的趋势，预防与引导并举，营造一个“绿色”的文化生态环境。

总之，政府对网络社会治理的最终目的，首先是维护国家利益，防止各种敌对势力的攻击与滋扰；其次是尊重网络社会发展规律，维护与实现个体和机构之间的网络权益等方面的内容，构建稳定良好的网络社会秩序。

网络社会治理必须要充分关注、审慎面对和妥善处理网络社会生活中各类权力和利益主体的合法权益保护问题，尤其是在许多网络权利和网络利益的认定和关系处理还缺乏充分法律依据的情况下，完善网络法律体系，加快网络立法进程，应是政府对网络社会治理中的首选内容。

三、网络社会治理模式

近年来，世界各国都在探索适合自身的网络社会治理模式。网络社会对现实社会的影响，一直是困扰各国政府的一大难题。要不要治理？如何进行有效治理？是摆在世界各国面前亟须探索的问题。

（一）网络社会治理模式

如前所述，“治理”概念首先由西方学者提出，该词主要用于与国家的公共事务相关的管理活动和政治活动中。法国学者让·皮埃尔·戈丹在《何谓治理》一书中指出:“治理并非是由某个人提出的理念，也不是某个专门学科的理念，而是一种集体的产物，或多或少带有协商和混杂的特征。在20世纪的最后10年，治理出现于包括经济、公共管理、社会学以及政治学的诸多领域。”“创新社会治理体制”，多元参与改变政府过去对社会事务强调控制的理念，这是社会治理理念的重大转变。对于网络社会而言，也同样面临从管理到治理，从用管理现实社会的理念和手段管理网络社会，到逐步探索适应网络社会特点的治理机制。

许多国家对网络社会治理，因价值观念、意识形态、社会制度的不同而不同，在一些问题上的认识也存在着很大的差异。如美国等西方国家，主要采取的是以立法为基础的宽松管制的治理模式，从技术到市场机制调控，从行业自律到道德自律；而一些亚洲国家则采取的是一种严格控制的治理模式。无论哪种模式，网络社会都不是真空地带，现实社会不允许存在的，在网络社会也同样不允许存在。在这一点上，大多数国家的观点是一致的。

当今世界，网络社会治理模式主要包括三种：

第一种，严格管控模式。这种模式主要存在于一些亚洲国家和阿拉伯国家或地区。这种模式主张，为维护本国或民族的价值观，保护本国和民族文化，保障不受外来国家的颠覆，应加强网络社会的管控，严厉打击在虚拟空间中的色情、暴力、恐怖活动或虚假宣传。如新加坡是互联网普及率最高的国家之一。从互联网运作伊始，新加坡政府就认为，网络社会是非常重要的战略阵地，对于国家安全、现实社会及人心的影响巨大，一旦失守，后果不堪设想。因此，政府一直处于主导地位，并积极介入到网络社会的治理中，制定了严格的管理制度，设置了专门的监管机构。再如韩国，其在网络社会治理中以法规为先导，通过网络社会管理专法进行管理，强调针对网上内容的复杂性加强管制，以保障网络空间的安全与健康。

第二种，宽松管控模式。这种模式以美国等一些西方国家为代表。他们主张保护言论自由，对网上的内容采取相对宽松的态度。如美国倡导的是“少干预、重自律”的最低干预原则，并强调对网络社会的管理，不能以牺牲言论自由为代价。虽然，美国对网络社会一贯采用宽松的治理模式，但近年来，在加强了相关法律的制定同时，也加大了公权直接干预的力度，由依法自律向公权干预转变，赋予了政府部门更多监管网络社会的权力。

第三种，自律模式。这种模式的典型代表是英国、加拿大等国。他们主张不对网络社会进行直接管理，主要依靠网络社会中成员的自律，政府只提供必要服务和管理。如英国政府提倡的是以自律为主的多元管理模式。“互联网观察基金会”就是一个由政府牵头成立的互联网行业自律组织。虽然，英国政府针对网络社会管理出台了一些法律法规，但英国网络产业的各家企业都愿意自动遵守“互联网观察基金会”制定的各种规章制度。多年来，这个基金会在打击网络色情等方面做出了突出的贡献。再如，澳大利亚政府对网络社会治理，强调行业自律与实行法治相结合的治理模式。针对互联网的独特性所造成的欺诈行为和其他不良内容，尤其是将对儿童产生不良影响的内容，以及网上行为的开放性和相当程度的不可控性，澳大利亚政府大力强调行业自律，并与澳大利亚“互联网产业联合会”达成共识，共同对网上行为进行管理和规范。同时，政府对原有的法律法规重新审查和修订，以使适应新技术发展的需要，明确规定，一旦发生严重问题，将会追究内容原创者和服务提供商的责任。此外，澳大利亚政府还积极采用新技术，以克服网络发展可能带来的负面影响，以最大限度地保护公众权利。

（二）网络社会治理特点

网络技术的迅猛发展，导致网络社会衍生的问题趋于复杂化，各国政府对互联网的监管越来越严格。尽管各国国情有所不同，在对网络社会治理的手段和措施上还是形成了一些相同的特点。

1. 建立法律体系

在立法方面，首先，各国选择使用的是现行法律。他们认为，现实社会中的法律条文对网络社会同样有效。同时，又根据网络社会的特点，对现行法律的一些内容进行修订或补充。如英国非常注重依靠现行法律，出台了新的《数据保护法》，新的个人数据保护法将依据欧盟立法的精神，以原有的《数据保护法》为基础，结合一些针对电子商务运作的实践方法加以制定，以更好地满足电子商务发展对网络隐私权保护的需要。其次，保证国家安全是各国立法中的重点。美国颁布了《爱国者法》《国土安全法》，大大加强了对美国内设机构的情报侦察。最后，对于网络犯罪，各国都加强了立法力度。如澳大利亚法律规定，在网上传播淫秽色情和极端暴力，最高可罚款 11 万澳元和入狱 5 年。网络社会虽然有其自身的特点，但是它的主体（网民）行为和产生结果是真实存在的。因此，网络社会中存在的违法行为，如利用互联网实施欺诈行为等，以现实社会的法律对其行为追究刑事责任，同样是可以适用的。在法律执行过程中，各国都比较坚决，美国、英国、法国、俄罗斯、巴西等国家，都建立了防范互联网犯罪的专门机构，授权警察和安全部门对电子邮件、社交网站等进行秘密监控。

2. 政府处于主导地位

很多国家政府认为，政府作为国家和公共利益的代表，必须积极介入互联网的管理中。政府的主导作用主要体现在：确立发展的战略方向、立法执法、推动公众的信息素养教育和行业自律等。尽管，网络社会采取的是以法律为基础，多主体参与的治理模式，政府不直接对网站和网民进行管理，而是把管理放在关键环节上。政府不是互联网唯一的管理者，网络运营商要承担责任，甚至网民也要对自己的行为负责，不履行职责的行为会受到违法的指控和法律制裁。近年来，一些国家的政府常常游走法律与公权的边界上，所发挥的作用也越来越明显。如在美国，多个国家部门都履行监管网络信息的重任。跨国网络监管和网络安全合作由国务院牵头；军事领域的网络安全由国防部负责；外来网络安全威胁评估由中央情报局管辖；对网络犯罪的调查和起诉则是司法部和联邦调查局的职责范围；信息通信安全由国土安全部负责。还有很多国家成立了专门机构，如新加坡的媒体发展管理局、瑞典的社会保护和应急署与国家警察署、韩国的互联网安全委员会等，都负责调查和打击网络犯罪。

3. 突出行业自律

行业自律是网络社会治理中最突出的特点之一。把政府监管与行业自律相结合，是很多国家管理互联网的普遍做法。他们充分发挥行业协会或组织的作用，并分别从信息安全的技术、教育培训、网上内容发布、网络安全应急响应、从业人员社会责任等方面制定相关的职业道德规范。如在国际上具有一定声誉的英国“互联网监管基金会”，就是在政府支持和影响下的一个行业自律组织，多年来在打击网络色情等方面做出了突出贡献，也为英国互联网管理探索出一个良好的行业自律模式。该基金会主要的工作是处理各种不良信息报告，建立举报“热线”，提供基于网络的举报可疑在线内容的服务，编制和维护网址名单等，如果某个域名用于传播儿童性侵犯图片，网站就会被记录在此黑名单上，从而形成了一个与政府部门相互补充的立体式的治理模式。

4. 严格管制网上内容

互联网和智能设备的应用，形成了网络社会人们进行信息传播的平台，被称之为新媒体，是一个巨大的舆论场。针对网上舆论内容所引发的社会问题，各国政府和组织都采取了不同手段，加强了对新媒体及网上内容的治理。主要方式有两种：一是以独立法律来制约网上内容的传播，如德国法律规定，在网上传播恶意言论、谣言，宣扬种族主义均为非法行为；严厉禁止利用互联网传播纳粹言论、思想和图片。二是政府直接介入对网上内容传播进行管制。如美国联邦调查局成立专门机构，负责辨认、调查网上发布的儿童色情图像，搜寻不法分子，对其进行法律制裁。

另外，很多西方国家的新闻网站对开设网络论坛管理严格，特别是美国，对开设博客都有详细的限制条件，甚至不向普通网民提供博客服务。

5. 明确监管责任

网络社会的监管不仅包含互联网基础设施的治理，同时更应延伸到对互联网内容、信息服务等多领域的监管。如何做到明确互联网的监管责任，在西方许多国家，尽管互联网行业准入较为宽松，但行为主体的责任非常明确，对网络运营商和网络内容提供商所应承担哪些责任有清晰的界定。如网络运营商对托管服务器上的内容负有监控和删除公众举报违法内容的责任；网络内容提供商作为网上信息的发布者，负有撤掉法律禁止的内容等责任。

第六章　社会安全治理体系建设

社会安全治理既是社会治理的顶层设计，也是底线工程。社会安全治理意味着要从大多数民众最关心的问题出发，结合顶层与底线，以整合制度安排与机制流程的方式实现社会管理的整体更新。

第一节　社会安全的概念

社会安全含义有广义、较广义与狭义三个层次的区别。从广义看，社会安全就是指维护社会秩序，保障社会稳定，它涉及经济、社会、政治、文化、生态等生活的各个方面与各个层面的协调与均衡状态。从狭义来看，社会安全即社会保障。“社会安全”一词源于社会保障，它最早使用于美国罗斯福总统签署的《社会安全法案》，目前各种译著中亦有把《社会安全法案》译为《社会保障法》。

最广义与狭义的两个界定都难以更准确地理解与解释当前中国的社会安全状况，因此笔者认为要从较广义层次来分析社会安全概念，即相较于经济安全、政治安全而言的安全范畴。这种安全范畴尽管与经济、政治有一定交叉，但是整体来看是以社会成员的互动、聚集及其集体行动为主要外延、易于危及社会的良性运行与协调发展的社会现象。

从这个定义来看，第一，社会安全与公共安全概念不同。后者现已纳入《中华人民共和国刑法》(以下简称《刑法》)第二章。根据《刑法》界定，“危害公共安全罪”是指故意或者过失地实施足以危及不特定多数人的生命、健康和重大公私财产安全，以及其他重大公共利益安全的行为。而在《刑法》第一章则有“危害国家安全罪”，在其他章节则有关于危害个人生命的罪名。因此，笔者认为公共安全的界定是与个人、国家相对的概念；而社会安全的相对概念不是个人、国家范畴，而是经济、政治范畴。

第二，影响社会安全的因素既有人为环境因素，也有自然环境因素。灾害等方面的自然因素与公共安全关系并不紧密，这也是社会安全与公共安全的另一个区别，而灾害导致的民众混乱等则属于社会安全范畴。人为环境因素不仅包括社会自身运行问题，还涉及经济上的商品生产规律、政治上的政权组织形式等方面的影响。换句话讲，社会安全问题往往受到经济、政治等外在因素影响或制约。

第三，社会安全涵盖的面严肃而重要。根据《国家突发公共事件总体预案》中的界定，社会安全事件主要包括涉外突发事件、重大刑事案件、恐怖袭击事件，以及规模较大的群体性突发事件等，其中尤以群体性突发事件为代表。因此，社会安全的重要性与严肃性不言而喻，它与社会稳定乃至政治稳定密切相关，是国家长治久安的重要基石。

第二节 社会安全治理的时代背景

一、群体性事件问题

近些年，经济迅猛发展带来了诸多社会问题，而群体性事件正是这些社会问题中最为突出的一个方面。总的来看，中国的群体性事件问题主要呈现以下三点特征：

第一，尽管群体性事件这个概念界定不够严格，但是它作为一个常用术语已经被广泛接受。中共中央办公厅制定的《关于积极预防和妥善处置群体性事件的工作意见》称群体性事件是“由人民内部矛盾引发、群众认为自身权益受到侵害，通过非法聚集、围堵等方式，向有关机关或单位表达意愿、提出要求等事件及其酝酿、形成过程中的串联、聚集等活动”。

第二，群体性事件主要包括三种类型：维权类、泄愤类、骚乱类。维权类是目前群体性事件的最主要形式，涉及市民、工人、农民等各个领域社会成员为了利益而依照公共规则进行的维护性集体活动。其典型的案例诸如目前的房屋拆迁、土地赔偿等方面的集体抗争。泄愤类主要是导火索较为偶然、责任主体不明确、信息传播新颖快捷并伴有打、砸、抢等影响较大的一种群体性事件。例如，2007年的四川“大竹事件”便是因一女士死亡原因不明而导致官民矛盾，进而引起大规模砸、打、烧等情况的泄愤事件。骚乱类主要是泄愤类群体性事件与维权类群体性事件的一种延伸，往往是局部的群体性事件导致整个城市的大部分地区与居民均卷入其中而伤及无辜、人心惶惶的一种社会现象。

第三，群体性事件的影响因素既有社会背景问题，也有具体机制问题。一方面，目前中国的贫富差距较大，社会压力较大，社会公平与社会正义建设任务还很艰巨，因而社会上容易产生“戾气”。另一方面，在面对民众的具体利益诉求的时候，政府往往陷入“体制性迟钝”，以拖延、忽视等方式错过最合适的处理时机，以致群体的利益诉求得以累积，形成爆发性与破坏性社会负面力量。因此，群体性事件涉及甚广，可以说是一项整体性社会安全问题。

二、安全生产问题

目前，我国安全生产事故频发，社会反响较大，经济损失较高，在一定程度上制约着经济发展的质量与社会民心的安稳。我国安全生产事业主要存在以下三个问题：

第一，我国的安全生产法律法规体系还不够完善。尽管，我国出台了《中华人民共和国安全生产法》《煤矿安全监察条例》，但是总体来看还是规章条例多、成文法律少，技术规范多、行政管理规范少，中央规定多、地方配套制度少等诸多不协调问题。

第二，我国安全生产的人力资源体系不够完备。目前，各级政府中安全监察人员的万人配备率是0.2，低于日本的1.4、美国的2.0、英国的4.4。同时，高发事故行业的高端人才十分紧缺。对于煤矿等矿产行业的专业安全生产技术人员，因受工作环境、工作待遇等方面的制约，正面临着大量的人才流失境况，而培养此类人才的高等院校也因综合化发展道路使得既有的专业优势走向萎缩。

第三，我国安全生产的专家支持体系水平有待提升。专家支持体系包括安全生产专家组，以及安全生产相关资格认证评定系统。目前，在对重大生产事故进行调研分析与处理方面，安全专家仍未能发挥值得社会成员足够信任的作用。此外，我国安全职称的专家资格认证与职称评定还没有能够依照市场分化程度与知识创新速度进行及时更新，使得安全行业的专家体系未能够建立，严重制约了事故预防、技术检测与安全教育。

三、网络谣言问题

网络作为一种社会交往与沟通的媒介，已经在日常生活与政治生活中发挥着越来越大的作用，尤其像微博、微信等社交工具更是激发了社会民众的互动潜力，但也带来了诸多负面问题，主要包括以下两方面：

第一，网络谣言种类较多，社会卷入主体复杂，覆盖面较广。通常来说，包括地震等方面的自然灾害谣言、与人身死伤有关的谣言、与政府行为有关的谣言等食品安全谣言事件。同时，卷入谣言的社会成员也多种多样，包括以娱乐或关心为目的的青年务工人员或青年学生、以解析真相与爆料事件为目的的记者、以借机谋求不法利益的非法分子及无辜受伤者，等等。

第二，网络谣言的社会后果较为严重。首先，网络谣言产生的信息误导效应易于引发群众恐慌或泄愤行为。尤其是在关于自然灾害等不可抗拒谣言面前，往往会造成数以万计的居民为避灾而逃离居住地。其次，网络谣言可能降低政府的公众信任度。鉴于“维稳”的形势与环境，在关于政府行为的谣言面前，政府往往处于被动状态，使得造谣分子能够以煽风点火的方式激起民众的积怨，产生不利后果。最后，网络谣言易于导致有关商品滞销或停售。由于网络谣言对象会涉及食品、药品及日用品等，在特殊事件情况下民众蜂拥抢购，易于导致产品脱销、滞销等后果，严重影响一般居民的正常使用。

四、农民工问题

农民工是中国产业工人领域的最重要基础力量，支撑着中国经济的持续增长，但是农民工的工资待遇、社会保障、职业安保、社会公平感等各方面仍处于社会的较底层。近年来发生的多起群体性事件都与农民工有关，因此，应当将农民工问题纳入社会安全治理的重中之重。具体来看，农民工问题包括三个方面内容：

第一，近年来，农民工的社会态度有所降低，有可能成为社会安全治理的负面因子。根据李培林等人的研究，尽管农民工呈现着较为积极的社会态度，但是受金融危机影响及近年来就业的严峻形势影响，农民工的社会公平感、生活幸福感等严重削弱，直接打击了农民工的社会安全感。[1]

第二，受户籍制度及其文化影响，农民工的城市生活往往受到歧视。作为反映社会群体公共形象与生活际遇的重要窗口，农民工的媒介形象已存在污名化操作的现象。以农民工为主角的社会新闻往往以“无理取闹”“愚昧”等词汇表达其形象，使得农民工的真实形象受到质疑，影响了农民工与市民等社会群体间的正常交往。

第三，在劳动社会保障方面，农民工的非正义境况并没有得到有效扭转。由于我国的社会保障制度仍受城乡二元体制束缚，因而农民工的社会保险持续缴费水平一直不高。同时，由于大多数农民工从事劳动强度高、劳动保护不足的行业，因而可能面临比其他行业较高的行业风险。而农民工的工伤保险与工伤赔偿问题一直没有建立长效机制，使得农民工面临着工作稳定性不高、失业保障性较低的双重风险境况。

第三节　社会安全治理的理论脉络

一、风险社会理论

风险社会理论是由德国社会学家贝克、英国社会学家吉登斯等人开创的现代性研究理论流派。贝克的《风险社会》一书的发表，虽反响平平，但几年后一经翻译成英文，立刻在国际学界产生了重要影响。后来，贝克又接连出版了《世界风险社会》《解毒剂》等作品，掀起了风险社会讨论的浪潮，吉登斯、拉什、卢曼等各国社会学家都参与了这场理论论争。风险社会理论的主要观点如下：

第一，风险社会理论源于对现代性的批判与反思。贝克认为，尽管各个历史时期都存在风险问题，但是现代性情况下风险一方面是由现代性的制度与技术诱发，另一方面也更加技术化、制度化。首先，风险这一概念反映了人类社会对于控制的高要求，以及对未来的可预见的目标，尽管现代社会通过科学技术、经济社会制度建立了较为完备的治理体制，但是庞大的科层制体系与复杂的科技知识也产生了诸多副作用，导致“制度化的风险”。其次，风险也通过“有组织的不负责”而逐步制度化。贝克认为，现代社会的诸多风险是通过公司、专家、政策制定者等精英联盟制造出来的，因而人们难以抵抗也无法及时有效地应对，同时在风险来临时也产生了推卸责任等问题，这尤其反映在“二战”后对追随希特勒的纳粹军官以“服从上级命令”为由逃避责任的审判过程中。

第二，风险的影响多样复杂化。首先，在高度现代性下，社会分层的标准发生了变化。在低度现代性的工业社会，社会分层的标准是财富的分配，并由此产生绝对贫困、相对贫困等社会问题。但是，在高度现代性的风险社会，社会分层的标准变成了风险的分配，越能够规避风险的人在社会分层中的位置越高，越无法规避风险的人在社会分层中的位置越低，由此产生了相关的正义问题。其次，因风险知识的复杂化，社会个体变得更加信任知识精英，尤其是专家系统。但是，知识精英自身也处在风险社会中，他们的风险认知也难以保证完备、公正与客观，使得其权威性与合理性受到质疑，由此导致社会信任的悖论：个人不得不越来越信任专家，专家越来越不值得个人相信。

第三，风险的应对策略走向日常生活化。由于科层制度导致的风险与专家系统导致的风险都愈加频繁与难控，使得风险的应对策略难以自上而下推进。同时，由于风险愈加跨地域化，使得单一政府难以预判与控制风险，风险在一定程度上呈现着“无政府状态”。为此，贝克认为应对风险的策略在于“重建政治”。所谓的“重建政治”就是改变过去的代表制、科层化的旧政治形式，转变为绕过代表制、个人直接参与、打破行政崇拜与专家崇拜的日常政治。这种日常政治以公民结社为主要形式，通过环保、反核等一系列的风险议题商议将风险消解于众人之间，从而在较大程度上规避风险。

二、社会运动理论

20 世纪初以来，社会运动理论经历了北美的集体行为研究与欧洲的群体心理研究分裂，终于在 20 世纪五六十年代的全球性社会运动的浪潮下逐渐走向合流。

首先，就社会运动的定义而言，赵鼎新认为，社会运动是指许多个体参加的、高度组织化的、寻求或反对特定社会变革的制度外政治行为。与革命相比，社会运动的组织水平、制度化程度及寻求社会变革的强度都相对较低。但是，社会运动与革命也有共同点：它们都是体制外的集体政治 / 社会行为，因此，它们与人民代表大会、议会等政治 / 社会模式具有体制性差异。

其次，社会运动的一个基础性视角是国家与社会关系。学界把社会运动看作强大的国家与日益高涨的社会之间的碰撞与交流。国家以其科层制形成了严密的治理网络，包括了行业垄断性、地域代表性等方面的精英网络与组织结构。而社会则以其自发结社、公民权抗争等方面的发展逐渐多元化，脱离社会控制，呈现着较强的自主性与利益诉求。为此，国家与社会之间往往就政治与社会议题产生矛盾，并导致社会以结社的形式联合起来，倒逼国家拓宽利益渠道，并以讨价还价的形式达成共识。

再次，影响社会运动的三大机制是变迁、结构与话语。变迁机制包括经济现代化、人口变化、社会思潮等；结构机制包括具有国家治理性质的政治制度、政权类型等，以及社会领域的民间组织多元化运动；话语机制是指社会运动中的媒介话语、意识形态乃至口号等各种具有文化动员意义的符号。

目前，社会运动研究中最重要的理论成果来自梯利提出的资源动员理论。梯利在《从资源动员到革命》中提出了二元政体模型。梯利将社会成员划分为政体内成员与政体外成员，由此捕捉了国家与社会关系的基本框架。他认为，政体外成员要么进入政体，要么打破政体。同时，梯利还提出了动员模型。他由精英视角出发，指出社会运动涉及参与者的利益驱动、组织能力、政治机会结构、动员能力等多方面的资源，只有当这些资源形成特定的力量组合才能够保证社会运动的成功。

三、安全经济学理论

安全经济学是近些年兴起的经济学分支。该理论流派否认传统的绝对安全观——安全就是无事故、无危险——而是承认相对安全观，即安全就是在允许范围内与承受能力下的安全事故频次的存在状态。但是，该流派的学者认为，这种存在状态是可以调节、可以控制的，由此达到经济学意义所要求的经济效益最高的最优均衡水平。

与一般经济学分支不同，安全经济学不是“正向”思考，而是“负向”思考。首先，安全经济学的研究对象是安全事故等具有反面效应事件的经济规律，这与一般经济学上所研究正常情况下的生产消费不同。其次，安全经济学和工程管理与工程技术更接近，它相对一般经济学而言更注重测量与实验。

安全经济学在分析安全问题时，将安全概念与经济效益、损失额、综合经济效益进行相互分析，形成“安全经济学曲线”。

首先，企业的安全程度与经济效益呈正相关关系。假设安全程度最好时为1，最差时为0，那么当安全程度最差时，经济效益也将最差,，当安全程度最好时，经济效益也会最好。

其次，企业的安全程度与损失额呈正相关关系。安全事故会带来人、财、物等诸多方面的损失，而安全经济学正是为了寻求规避这些方面损失的一门科学。因此，当安全程度越高时，企业的损失额也将越小。

最后，企业的安全程度与综合经济效益呈正相关关系。根据“安全经济学曲线”图示中的第一个和第二个曲线可知，将企业经营生产的损失额与经济效益加权分析时，尽管安全投入会带来额外成本，但从总体情况来看还是会带来经济效益的稳步增长，只不过安全生产存在着投资无利期、微利期、持续盈利期、利益平稳期的不同阶段。

第四节　社会安全治理的实践模式

一、加强社区安全治理

社区安全治理是社会安全治理的空间单位与基础要素。由于相当一部分的社会安全问题是由空间邻近性与社区共同意识而引起的社会运动，因而社会安全治理有必要从社区安全治理入手。

第一，成立社区综治委，强化基层治安防范力量。北京市丰台区开始成立社区综治委，加强对城中村及流动人口较多区域的安全管理。从丰台经验来看，社区综治委发挥了以下几点作用：

一方面，整合了基层治安管理人力资源。社区作为社会安全治理的最前线，直接面向群众，往往需要对社会问题进行现场解决，因而对人力资源要求较高。但是，社会安全问题的发生源头分别受到物业公司、居委会、公安局或派出所等社会单位与行政部门管理，导致管理力量分散化。为此，有必要把这些力量全面整合、吸纳并成立社区综治委，既达到信息网络共享，又提高事故处理的效率与能力。

另一方面，治安防范从被动卸责化走向主动担责化。如上所述，由于社区安全繁复多样，涉及物业管理、人身安全、环境卫生等多方面，在多部门分头管理下难以得到系统解决，以致各部门“有组织的不负责”，使问题得不到及时解决，最终“小事拖大，大事难了”。而在社区综治委的统一领导下，社区安全问题有了明确的对口专责部门，既无法逃责，又因部分组织成员来自本社区，由此更能主动承担责任，便于积极开展社区安全工作。

第二，推动流动人口定居化。定居是社会融入与地方认同的基本要件。但是，受城乡二元体制影响，目前农民工群体仍处于“半城市化”状态，既无法充分回归农村，又无法彻底融入城市。笔者认为，推动流动人口定居化可以从以下两方面着手：

一方面，弱化户籍制度与公共服务的捆绑作用。从世界银行和国务院发展研究中心合著的《2030的中国：建设现代、和谐、有创造力的中国》一书提供的“户籍改革及配套改革的步骤和顺序示意表”来看，从现行户籍制度到居住证制度的改革进展是与社会保障的城乡一体化水平及跨地区统筹水平对应的，而这一举措正是从根本上消除了农民工流动的受限因素，充分保障了农民工同工同酬同待遇的公民权利。

另一方面，强化出租屋管理工作。依照住宿地管理原则，推进房东责任制，抓好登记、注销、检查、奖惩等一系列暂住人口出租屋管理机制。从厦门市的暂住人口管理经验来看，通过“谁住宿谁负责”的管理方式，提高了房东租客的登记率，健全了租客与房东的自我管理、自我监督的主动机制，大大降低了当地社区的犯罪率。

二、完善人民调解制度

20世纪50年代，政务院颁布了《人民调解委员会暂行组织条例》，明确规定在全国范围内建立人民调解制度。人民调解制度曾一度发挥着解决乡里纠纷、化解社会矛盾的重要作用，被誉为“东方经验”。但是，20世纪80年代以来，由于人民的法治意识增强、社会矛盾复杂化，人民调解制度的力量受到一定影响。不过，根据《中共中央关于加强党的执政能力建设的决定》提出的“把‘调解’作为正确处理人民内部矛盾的重要方法之一”，人民调解制度的确在近些年发挥着越来越重要的作用。最高人民法院通过的《关于审理涉及人民调解协议的民事案件的世界银行与国务院发展研究中心课题组若干规定》新增人民调解具有民事合同性质，大大强化了人民调解的工作效力。同时，近些年，在上海、深圳等改革前沿地区更是形成了人民调解制度的“复兴”趋势，在社会建设领域发挥着重要作用。具体来看，在社会安全治理的视角下，人民调解制度的完善与创新主要体现在以下两个方面：

第一，推进人民调解的规范化、专业化与社会化。规范化是指人民调解人员必须持证上岗、必须重视书面形式的调解方案及质量评估，完善人民调解的专门场所。专业化就是精挑细选具有法律专业背景、具有所在社区民声民望、具有长期人民调解经验的专职人员从事人民调解工作。社会化就是按照去行政化的原则，将人民调解制度转化为政府购买服务形式交予社会组织等社会力量。从实践来看，上海市以规范化、专业化和社会化的“三化”机制实现了近96%的调解成功率，防止了刑事案件至少600起，发挥了维护社会稳定的重要作用。

第二，构建人民调解与行政调解、司法调解的联动网络。人民调解制度与行政调解、司法调解制度各有优势，但调解对象通常互有交叉，因而寻求建立三大调解的对接平台十分重要。

一方面，根据福州市人民调解的改革创新经验，可以建立人民调解中心的统一对外窗口，统一受理所有有关调解的事务，然后分门别类，根据事务的严重程度与迫切程度移交给司法部门或行政部门，强化人民调解平台的枢纽与中转作用。

另一方面，在司法部门办案过程中，可以根据案情进展与酌情处理情况移交人民调解部门，实现检调对接、诉调对接。检察机关在办理民事申诉案件，人民法院在处理简单、多发的民事案件时均可根据当事人的意见，在征得当事人同意的情况下转交给人民调解部门，从而节约司法资源，提高司法效率。此外，对于医患关系、劳资关系等问题，可以探索建立医调对接、劳调对接渠道，从而更全面地发挥人民调解制度的作用。

三、完善安全生产保障体系建设

做好安全生产工作，提供企业综合安全保障，对于维护社会稳定、促进经济持续有序发展具有重要意义。近些年，国家加强对安全生产的政府领导机制与市场监管职能，为完善安全生产保障体系建设提供了强有力的功能要素与组织基础。具体来说：

第一，建立健全安全生产行政领导管理体系。一方面，充分发挥国务院安全生产委员会和各地方有关部门的作用，通过“大部门体制”方式合并职能交叉的安全生产监管部门，发挥好解决重大安全问题的合力与共智，彻底解决长期以来公安、交通、质监等部门间相互推卸责任、人员管理混乱、统筹协调乏力的问题。另一方面，选好配强增量安全生产行政管理人员，确保安全生产监管人力资源水平提高速度超过安全事故监管难度。安全生产作为高难度、高技术甚至高风险的行政管理岗位，应当在薪酬方面区分对待，尤其是一些专业化岗位可以通过聘任制的方式聘请有关领域的工程师等专家，从而发挥知识技术精英与政治管理精英的合力作用。

第二，对于高危行业应当尽快建立完善安全风险抵押金制度。在矿藏、危化工业制造等常年事故多发、技术风险较高的领域，应当在企业登记时缴纳一定比例的安全风险抵押金，同时根据企业的利润收益，对增收部分也缴纳一定比例的安全风险抵押金。对于整个高危行业，还可以将各企业的安全风险抵押金通过基金会的方式汇集起来，分别建立高危行业技术解决项目、工伤人员扶助项目等公益项目或技术项目，提升行业的改进质量与改进水平。

第三，加强安全生产资金投入保障机制。一方面，提高我国企业安全生产投入资金水平。20 世纪 90 年代，我国的企业安全措施经费投入仅占 GDP 的 4%，大大低于发达国家的投入水平，所以，企业安全投入方面还具有较大的提升空间。另一方面，应当优先保障我国的企业安全监管机构经费。根据美国等发达国家的管理经验，国家财政会通过专项分类保障政府部门、行业协会等企业安全监管与评估机制的经费水平。日本的日本安全生产和健康协会、日本海港运输安全生产和健康协会等有关行业协会一般会有 15% 的经费来自政府拨款，从而保证了行业协会的监督与评估的工作力度。

四、健全网络谣言打击制度

由于微博等社交网络媒体的发展，网络意见领袖发挥着影响舆论方向的作用。我国开始重视并打击网络谣言意见领袖，傅学胜、秦火火等一批“网络大 V”相继因造谣、敲索等因素而被拘捕。从社会安全治理角度来看，健全网络谣言打击体制机制可以从以下三方面开展：

第一，培养网络社区的自身净化功能。谣言传播与一般语言传播或事件传播一样，都有一个传播与衰竭同步进行、真相与伪相同步展开的过程，因而如何培养网络社区中的真相化机制具有举足轻重的地位。首先，从网民受众心理来看，净化功能具有良好的群众基础。据新生代市场监测机构对上海、北京等城市共 4306 个微博用户进行的在线调查显示，约七成的微博用户愿意将微博作为新闻资讯获取的重要平台。其中，六成左右的用户认为微博新闻值得相信。其次，要健全网络社区的公约制度。微博发展至今，由于问题层出不穷，技术层面的解决方案往往依赖于后台的议题设置与关键词筛选技术，使得网络空间公共管理缺乏共有平台。为此，新浪微博与新浪微博用户共同制定了《新浪微博社区公约（试行）》《新浪微博社区管理规定（试行）》《新浪微博社区委员会制度（试行）》等。在这些公约中，除了一般性规定外，还创新性提出了“安宁权”“禁言令”“用户信用积分”等措施，十分具有预见性与可操作性。

第二，改进官方辟谣的方式与途径。长期以来，官方的辟谣方式主要依赖电视台等传统媒体，以自上而下的方式进行通知或告示。显然，在新媒体迅速发展的今天，传统媒体的辟谣方式已经不能满足群众的需求。为此，政务微博将可能成为官方辟谣的重要途径之一。新浪微博的政府机关及有关官员的政务微博已达到 5 万个左右，增长幅度较大，这一方面反映了政府的社会治理方式与时俱进，但也对如何提高政务微博的可信性与管理力度提出了新的挑战。关于提升政务微博的社会治理效能，一方面要发挥“微博问政”的作用，拓宽网民参与治理的网络渠道，增强政务微博的活跃度与影响力。另一方面，改变政务微博的运行态度，强化服务意识，改变公示与通知语调，实现亲民化、平易化。

第三，确立从违规标准、监管机构到公开申诉的行政整治机制。网络社会的谣言效应最终应仍是以现实社会中的集体行动与群众心理为依归，因此必须从现实出发，从行政整治管理的层面，建立一套违规标准、专门监管机构及事后公开申诉与复议的系统整治机制。在确立法律标准方面，根据最高人民法院、最高人民检察院的司法解释，例如，关于诽谤方面的规定“利用信息网络诽谤他人，同一诽谤信息实际被点击、浏览次数达到 5000 次以上，或者被转发次数达到 500 次以上的，应当认定为刑法第 246 条第 1 款规定的‘情节严重’，可构成诽谤罪”。但是，本次司法解释存在着未考虑到商业市场可能带来的恶意利用因素，以及对于部分解释过于含糊，未能考虑到微博的随机性与弥漫效应，还有必要进一步完善。关于专门监管机构的设立问题，从发达国家的经验来看，美国设立了“白宫网络安全办公室”，英国则有“通信办公室”，专门管理网络传播上存在恶意信息等问题，中国目前还没有发挥网络监管的组织化力量，使得政务微博的力量碎片化与分散化，没有形成合力。关于事后公开申请与复议机制，应当建立网络谣言“急刹车”机制，对于可能存在较大争议的网络信息通过该机制进行滞留传播处理，给予当事人以申请复议的权利与机会，从而避免谣言社会影响扩大化，产生不必要的经济损失。

第七章　新时代中国社会治理的新方略

党的十九大对中国社会主义现代化建设进行了全面部署，即建设平安中国，加强和创新社会治理，维护社会和谐稳定，确保国家长治久安、人民安居乐业。党的十九大坚持在继承中创新，秉持兼容并蓄的理念，立足中国国情和发展阶段特征，提出打造共建共治共享的社会治理格局，并进行了重点安排，以期形成有效的社会治理、良好的社会秩序。可以预见，在习近平新时代中国特色社会主义思想的指引下，按照党的十九大部署，新时代中国社会治理现代化将稳步向前推进，中国特色社会主义社会治理体系将进一步完善。

第一节　创新社会治理理念

一、党的领导进一步强化

中国特色社会主义最本质的特征是中国共产党领导，中国特色社会主义制度的最大优势也是中国共产党领导。党的十九大深刻地指出，党政军民学，东南西北中，党是领导一切的。加强和创新社会治理，必须在党的领导下进行。社会治理创新绝不能虚化、弱化，更不能离开党的领导。党的领导和社会主义制度是加强和创新社会治理的重要保障和突出优势。社会组织、非公有制经济组织，以及新型社区要加强党组织建设，做到全覆盖、无死角，使党组织成为这些新兴领域社会治理的主心骨。党的十九大指出，要完善党委领导、政府负责、社会协同、公众参与、法治保障的社会治理体制。新时代，面对新形势和新任务，迫切需要构建多元参与的社会治理体制。在诸多社会治理主体中，党的领导居于核心地位。在社会治理中，既要加强党的领导，也要改进党的领导。党的领导一是确保正确的政治方向，保证社会治理在正确的政治轨道上运行，不能偏离中国特色社会主义道路；二是谋大局、定政策，定期研判形势、分析问题、寻找思路、提供支持；三是统揽全局、协调各方，有效整合各种力量和资源，搭建多方参与的平台，妥善处理各种关系，使社会治理规范有序进行。要把加强和创新社会治理，纳入各级党委和政府重要议事日程，纳入地方党政领导班子和领导干部政绩考核指标体系。坚持和强化党的领导，不是让党代替其他社会治理主体包揽一切，而是要充分调动和依靠其他主体积极参与社会治理，要处理好党与政府的关系，也要处理好党与其他各类社会治理主体的关系，形成“一核多元”的治理格局。

二、联动融合与开放共治进一步加强

2016 年 10 月，习近平总书记指出，社会治理“要更加注重联动融合、开放共治”。联动融合，是指体制内不同主体之间权责更加清晰、衔接更加顺畅、运转更加高效；开放共治，是指体制内力量与体制外力量协调配合、共同治理。很多关系群众切身利益的事情、很多具体的社会问题和社会矛盾，涉及多个部门、多个单位，仅靠一个部门或者一个单位往往难以很好满足和解决群众的合理诉求，需要党委和政府、不同层次的党委政府之间、不同部门之间、政府部门和企事业单位之间协调联动，相互配合、共同努力。要梳理和规范党政各部门社会治理职能，加强顶层设计、整体规划、统筹协调，建立健全社会治理领域权力清单制度和责任追究制度，形成权责明晰、奖惩分明、分工负责、齐抓共管的社会治理责任链条。有些信访事项、利益纠纷、不满情绪的产生，既有历史的原因，也有现实的因素；既有合理的主张，也有过高的诉求甚至无理的要求；既有利益的原因，也有观念和心理的原因，因此，对于解决此类事项和问题，很多时候仅靠党委政府是不够的，需要亲朋好友、当地有威望的社会贤达、有关社会组织等民间力量参与，运用亲情、友情、乡情等民间资源和方法，或者委托给专业社会工作者运用专业化手法、人性化关怀，春风化雨，综合施策地解决疑难杂症。新时代，社会群体和社会阶层越来越多元化、人们的需求越来越多样化、个性化、高级化，社会利益关系、社会问题、社会矛盾也越来越复杂化，满足社会需要、解决社会问题的方法和手段必然不能再走党委政府包打天下的老路。党的十九大提出，深化机构和行政体制改革，统筹考虑各类机构设置，科学配置党政部门及内设机构权力、明确职责，进一步转变政府职能，深化简政放权，这将为社会治理的联动融合、开放共治创造有利条件。

三、社会治理的基础制度进一步完善

社会治理的核心是对人的服务和管理。社会良性运行和协调发展，社会治理有效，需要一套科学合理的基础制度作为保障，包括基本的法律制度和社会道德规范，保证体制机制和方式方法能够发挥应有的作用。社会信用和信息体系建设是社会治理基础制度的重要内容。要加强社会治理基础制度建设，建立国家人口基础信息库、统一社会信用代码制度和相关实名登记制度，完善社会信用体系。国家对此进行了专门的安排，一是在居民身份证号码准确性、唯一性目标基本实现后，加快国家人口信息管理系统升级改造，深入推进居民身份证换发、异地办理和指纹信息登记工作，建立户口和身份证信息联网查询对比制度，逐步实现跨部门、跨地区信息整合和共享，确保基础信息全面准确。近年来，中国努力推进基于居民身份证号码“一人一号、终身不变”的信任根制度，大力推进落实手机号码、银行卡、网络、邮寄快递等方面的实名制，消除网上网下各领域虚假身份，取得了积极的成效。二是推动社会信用体系建设，开展《信用法》相关调研起草工作，加快公共信用信息管理、统一社会信用代码等条例立法进程，推动出台政务诚信建设、个人信用体系建设、电子商务诚信建设等相关规范性文件。推动各地区、各部门依法制定和实施政府信息采集、整理、加工、保存、使用，以及守信激励和失信惩戒等方面的规章制度。《社会信用体系建设规划纲要（2014—2020年）》《关于建立完善守信联合激励和失信联合惩戒制度加快推进社会诚信建设的指导意见》和《关于加快推进失信被执行人信用监督、警示和惩戒机制建设的意见》。积极提升信用征用能力，加强信用体系基础设施建设，例如，抓好全国信用信息共享平台上线、共享、更新、归集、开放、应用、延伸和推送各个环节。中国正处于传统社会向现代社会转变的过程中，原有的制度体系和社会治理方式已经难以适应变化发展的需要，很多社会治理基础制度需要重新规划和建设，这将是一个长期的系统工程，不可能一蹴而就，也不可指望毕其功于役，但是，改革的方向已经明确、框架已经建立，经过持续不断的努力，一定会有积极的成效。

第二节　完善社会治理体制

一、以人民为中心的理念进一步深化

党的十九大报告指出，人民是历史的创造者，是决定党和国家前途命运的根本力量。因此，必须坚持人民主体地位，坚持立党为公、执政为民，践行全心全意为人民服务的根本宗旨，把党的群众路线贯彻到治国理政全部活动之中。人民的概念是具体的，不是抽象的，它是由不同方面的人组成的。换言之，人民是由不同的群体、不同的社会阶层构成的。坚持以人民为中心，就是面向最广大的人民，代表他们的利益、反映他们的诉求、维护他们的权利。新时代，我们要更多地关心困难群众和弱势群体的生产生活困难，维护他们的合法权益。在城镇化进程中，中国现有流动人口达到2.45亿人，其中相当一部分人在城市处于“半市民化”状态，还没有在

流入地特别是大城市扎下根来，在就业、社会保障、住房和子女教育等方面，面临比当地居民更多更大的困难，社会融入面临诸多问题，外来人口与本地居民的矛盾和冲突也时有发生。大量流动人口带来的城镇空巢家庭、农村“三留守”人员（留守儿童、留守妇女、留守老人）问题突出。另外，还有贫困人员、下岗失业人员、困境儿童、残疾人士等弱势人群，都是社会治理需要重点关心的对象。只有木桶的短板补齐了，水桶的盛水量才能增加。同理，只有困难群众和弱势群体的权益维护好、发展好了，社会文明程度才能提高，社会稳定和谐才有保障。坚持以人民为中心，就是要抓住人民最关心、最直接、最现实的利益问题，包括教育、就业、收入分配、社会保障、卫生健康、环境保障、安全等。处理问题、化解矛盾、协调利益时，首先应该从大多数人的角度把握尺度、拿捏分寸，维护公平正义，有时对于弱势群体和困难群众还应给予必要的倾斜保护和特殊照顾。党的十九大提出，打造共建共治共享的社会治理格局。共享是目的，共建和共治是手段；共建是重点和前提，共治是关键和保障；共建和共治相辅相成、互为条件，二者服务于共享这一根本目的。共建共治共享是以人民为中心思想的生动体现和具体要求。

二、公平正义成为社会治理的核心要义

随着中国社会主要矛盾的变化，公平正义将成为继物质文化需要之后更加强烈和迫切的需要。习近平总书记说，随着中国经济发展水平和人民生活水平不断提高，人民群众的公平意识、民主意识、权利意识不断增强，对社会不公问题反映越来越强烈。总书记高度重视公平正义在社会治理中的核心作用和地位，要求通过制度创新安排，努力克服人为因素造成的有违公平正义的现象，保证人民平等参与、平等发展权利，努力实现规则公平、机会公平和权利公平；要求从人民最关心最直接最现实的利益出发，着力构建公平公正、共建共享的发展新机制，让经济发展更具包容性，让广大人民群众共享改革发展成果；要求“政法战线的同志要肩扛公平天平、手

持正义之剑，以实际行动维护社会公平正义，让人民群众切实感受到公平正义就在身边”。新时代，以深化户籍制度改革为抓手的新型城镇化将加快推进，农民进城落户的障碍将越来越小，外来人口与本地居民的权益差异将大大缩小，流动人口的社会融入更加容易。乡村振兴战略的实施必将大大推动城乡融合发展，城乡关系将呈现崭新的面貌，城乡发展差距也将大大缩小。全面从严治党深入推进，“老虎和苍蝇一起打”，开展扫黑除恶专项行动，将净化社会治理环境，保障广大人民群众的公平正义权利。司法和执法体制改革深入推进、就业和收入分配制度进一步完善、社会保障制度进一步建立健全，都为提高社会治理的公平正义水平提供了制度保障。

三、维权重于维稳的理念进一步巩固

维权是落实社会源头治理的重要举措。习近平总书记指出，当前，各种人民内部矛盾和社会矛盾已经成为影响社会稳定很突出、处理起来很棘手的问题，而其中大量问题是由利益问题引发的。这就要求我们处理好维稳和维权的关系。从人民内部和社会一般意义上说，维权是维稳的基础，维稳的实质是维权。党的十八大以来，中国社会治理形势出现根本性好转，打破了犯罪率随着现代化推进必然升高的西方“魔咒”，严重暴力犯罪案件、群体性事件、信访总量、非正常上访量等社会秩序的关键性指标同时出现下降趋势，成为世界上命案发案率较低的国家之一。从20世纪90年代中后期开始，群众信访和群体性事件数量迅猛增加。其中重要原因是，改革过程中没有能够妥善处理好各种利益关系，没有能够满足各方面群众的合理诉求，一部分群众的利益甚至在改革过程中受到损害，承担了改革和发展的成本和代价。中国农村干群冲突经常发生，主要原因是计划生育工作难、农业税费负担重。随着全面取消农业税和农业各种补贴政策的实施，由于年轻一代生育观念的变化，以及放开生育“二孩政策”的实施，农村干群关系大大改善。近年来，党和政府一直倡导服务为先、寓管理于服务之中，坚持源头治理，全面深化改革，多个社会治理领域出现积极的变化，信访和社会治安形势根本好转。比如，随着国有企业改革的深入和各项社会政策的完备，20 世纪 90 年代末国有企业改革引发的职工下岗潮已不会再出现；随着以人为核心的新型城镇化大力推进，因征地拆迁引发的群体性事件频发时期也已基本结束。这些积极的成果充分表明只有维护好实现好发展好人民群众的现实利益，才能消除社会不稳定的隐患，才能促进社会长治久安。在习近平新时代中国特色社会主义思想的指引下，维权重于维稳的理念将更加深入人心，成为新时代社会治理的重要原则。

四、兼顾秩序与活力

社会治理追求秩序和活力的统一，强调既要追求稳定和秩序，更要激发社会活力。追求秩序和活力的统一是社会治理对社会管理理念的重要发展。过去很长一段时期内，经常出现“一管就死、一放就乱”的局面，在放和管之间、在秩序和活力之间往往顾此失彼。习近平总书记指出，“社会治理是一门科学，管得太死，一潭死水不行；管得太松，波涛汹涌也不行。要讲究辩证法，处理好活力和秩序的关系”。各级党委政府一直努力纠正过去片面强调维护社会秩序而忽视激发社会活力的做法，取得了显著成绩，致力于社会充满活力又和谐有序。为了有效激发活力，党和政府一直把“简政放权、放管结合、优化服务”作为深化行政审批制度乃至行政体制改革的中心任务，把政府不该管、管不了、管不好的事情交给市场、交给社会，把该由地方和基层政府去做的事情权力下放，正确处理政府与市场、政府与社会、社会与市场及中央政府和地方政府的关系，激发市场和社会的活力，鼓励和支持大众创业、万众创新，让一切创造财富的源泉充分涌流，努力做到人尽其才、物尽其用，人人心情舒畅。在具体工作中，努力改变简单依靠管卡压罚、硬性维稳的做法，重视疏导化解、柔性维稳，注重动员组织社会力量共同参与，发动全社会一起来做好维护社会稳定工作。党的十九大报告要求，发挥社会组织作用，实现政府治理和社会调节、居民自治良性互动，为社会治理既有活力又有秩序提供了制度和组织保障。

第三节　改进社会治理方式

一、法治保障进一步加强

党的十九大提出，“完善党委领导、政府负责、社会协同、公众参与、法治保障的社会治理体制”。法治是社会治理的最优模式。依法进行社会治理，是社会治理现代化的必然要求和重要标志。坚持全面依法治国是习近平新时代中国特色社会主义思想的重要组成部分。因此，党的十九大之后，社会治理领域相关法律法规立改废和相关政策制度制定完善工作的进程会加快，城市居民委员会组织法、村民委员会组织法等法律法规的修订工作也会加快，必将形成上下贯通的社会治理法律制度体系。在健全和完善社会治理法律制度体系的同时，要求各级领导干部提升依法行政、依法办事的能力，善于运用法治思维和法治方式化解矛盾、破解难题、促进和谐；广大群众要依法有序表达诉求、维护权益。在强调法治的同时，还要继续发扬传统社会治理中的德治作用，做到礼法并用。中国历史上一直强调“礼法共治”，认识到徒法不足以自行。党的十九大提出，加大全民普法力度，建设社会主义法治文化，不仅要求提高公民法治素养、培养全民法治信仰，还要求弘扬社会主义核心价值观，使宪法法律至上、法律面前人人平等的法治理念深入人心，让法治成为全社会的思维方式和行为模式。汲取中华传统法律文化之精华，弘扬家国相通的大局观、仁义诚信的价值观、天人合一的和谐观、礼法结合的秩序观，情理法融合的正义观，让优秀传统法律文化和文明风尚得以弘扬，维护公序良俗成为人们的自觉行为。

二、现代科技的作用进一步彰显

社会治理要善于运用多种方式方法，实行综合治理，其中现代科技为日益复杂的社会治理创新提供了工具和手段。科技的发展、技术的进步是现代化的重要推力和必然结果，但是，现代科技发展又是一把“双刃剑”，既能造福人类，也会危害社会。现代科技越来越发达，对人们生产生活的影响越来越大，为人类打开了许多意想不到的广阔空间，带来了无限的发展机会，为人类自由而全面的发展创造了良好条件，为解决社会问题、社会矛盾、利益纠纷、公共安全提供了便利的条件和手段。但是，现代科技的快速发展，也是许多社会问题和社会矛盾产生的根源，带来诸多新兴社会风险。只有趋利避害、顺势而为，才能体现科技发展的应有之义。互联网、物联网、人工智能、云计算、大数据技术等现代信息技术的发展，就是现代科技发展成果的一个代表，它们既为人类带来福祉，也引发诸多社会问题，同时还在改变着社会治理方式，为解决社会治理问题提供便利条件。习近平总书记在中共中央政治局第三十六次集体学习时指出，随着互联网特别是移动互联网发展，社会治理模式正在从单向管理转向双向互动，从线下转向线上线下融合，从单纯的政府监管向更加注重社会协同治理转变。他还要求我们要深刻认识互联网在国家管理和社会治理中的作用，以推行电子政务、建设新型智慧城市等为抓手，以数据集中和共享为途径，建设全国一体化的国家大数据中心，推进技术融合、业务融合、数据融合，实现跨层级、跨地域、跨系统、跨部门、跨业务的协同管理和服务。近年来，各地纷纷开展智慧城市建设，充分运用大数据、云计算技术服务于社会治理。经济发达的地区如浙江省、上海市、深圳市等走在了全国前列，经济欠发达地区如贵州省也不甘落后，超前谋划、抢占先机，“云上贵州”做得有声有色，成为西部地区乃至全国的一个先进典型，为社会治理创新提供了有益的经验。

三、精细化和专业化进一步发展

随着城市化和现代化的深入推进，社会的分工越来越细密，社会事务越来越复杂，人们的需求也越来越多样化，呈现分众化、小众化、差异化和个性化的特点，社会治理进入了精细化和专业化的时代。2017年，中国城镇化率超过了58%，8亿多人常年工作和生活在城镇，相当一部分城市人口集中在100万以上的大城市，其中30个城市人口超过800万、13个城市人口超过1000万，给城市社会治理提出了新的课题。2017年"两会"期间，习近平总书记对上海代表团的同志说，"走出一条符合超大城市特点和规律的社会治理新路子，是关系上海发展的大问题。""要强化智能化管理，提高城市管理标准，更多运用互联网、大数据等信息技术手段，提高城市科学化、精细化、智能化管理水平。"实施精细化治理的前提是准确地把握人们的具体需求，把握社会问题及社会矛盾的本质及个性特征，精准施策，对症下药，一把钥匙开一把锁，而不是用一种方法进行处理。专业化是精细化的要求和保障，两者密不可分；共同服务于高质量的社会治理。在精准定位社会需要和社会问题的基础上，更多运用专业人士、专业方法服务群众、解决难题。随着精细化和专业化的发展，网格化管理将越来越成熟，现代化的社会调查研究方法将在社会治理中更多地得到运用，社会工作等现代职业将在社会治理中扮演更加重要的角色。

四、舆情引导更加专业和精准

新时代的社会治理，一要做，二要说。做，就是协调利益关系、处理社会问题，化解社会矛盾，应对突发事件。说，就是发布信息，公开真相，以正视听，消除误会，引导舆论，赢得理解、信任和支持。做好是说好的前提，做不好肯定说不好。但是，做好并不一定能够说好，说有自身的规律和技巧。说好有助于做好；说不好，做的效果会打折扣。因此，在社会治理实践中，既要做好，也要说好，两者相得益彰。党的十八大以来，党和政府高度重视舆论引导工作，首先，要求党委政府公开信息，以公开促公正，引导社会舆论和社会情绪。2017年底，中共中央通过了《中国共产党党务公开条例（试行）》，标志着在原来政务公开的基础上，又迈出了新步伐。其次，建立新闻发言人制度，不仅要求各级党委和政府部门建立专门的新闻发言人和专门的新闻发布机构，而且要求党政主要负责同志成为第一新闻发言人。近年来，一些突发公共事件，如火灾、爆炸、交通事故等，与群众切身利益密切相关，广受关注，成为舆论焦点。各级党委政府在处理这些事件中做了大量的舆情引导工作，为事件的平稳有序处理提供了较好的舆论环境。新媒体时代，传播手段现代化、传播速度快捷化、传播内容复杂化和传播主体分众化，使得党和政府必须更加重视舆论引导和舆情引导工作，把它当作一项极其重要的国家治理和社会治理的重要任务和重要手段。社会群体阶层化和舆论场圈层化趋势越来越明显，对舆论引导工作提出了更高的要求，简单、粗放的舆论引导方式已经难以适应形势的发展变化，要求舆论引导工作更加专业和精准，要求统筹各种舆情引导部门的工作，精心设计议程，科学发布信息，对不同的受众采取灵活多样有效的手段进行定向发布和舆情引导，把握好舆论引导的时、度、效。

第四节　聚焦社会治理重点任务

一、统筹推进风险治理和应急处置

社会治理包括正常状态下的风险治理和突发事件发生状态下的应急处置两种类型、两个环节。长期以来，理论界对社会治理的研究主要集中在正常状态的社会风险治理，例如，利益关系如何协调、风险如何防控、社会问题和社会矛盾如何解决等方面，对如何应对突如其来的突发事件研究不够、准备不足。实际工作部门对风险治理重视不够，往往抱着侥幸心理，总认为不会发生突发事件，等到真的有了问题、有了突发事件时又手足无措，经常临时抱佛脚，病急乱投医。抗击“非典”之后，中国开始建立以“一案三制”为核心的现代应急体系，经过十几年的发展，中国应急管理事业有了长足的发展，体制机制不断建立健全，应急管理逐步走上规范化、科学化和法治化轨道，处置各类突发事件的能力明显提高。2017 年 1 月，国务院办公厅印发了《国家突发事件应急体系建设“十三五”规划》，为新时代国家应急体系建设提供了蓝图，要求按照“补短板、织底网、强核心、促协同”的思路，加强应急管理基础能力、核心应急救援能力、综合应急管理保障能力、社会协同应对能力和涉外突发事件应急能力建设。这一规划的落实不仅会进一步改变应急体系建设基础薄弱、理论滞后和能力较低的状况，而且会进一步推动应急管理向前端的风险治理延伸，使风险防范和应急处置结合起来，共同提升社会治理的能力和水平。

二、公共安全的地位更加突显

公共安全是社会治理的重要内容。从相关法律和政策规定可以看出，中国公共安全的范围主要涉及自然灾害、生产安全事故、公共卫生事件，以及社会安全事件四种类型突发事件的预防、处置和重建工作，目的在于保障人民群众的生命和财产安全。随着中国特色社会主义现代化建设的不断推进，各类风险因素越来越多，公共安全变得越来越紧迫、越来越重要。从突发事件发生态势看，突发事件仍处于易发多发期。地震、地质灾害、洪涝、干旱、极端天气事件、海洋灾害、森林草原火灾等重特大自然灾害分布地域广、造成损失重、救灾难度大。以 2016 年为例，全年各类自然灾害共造成全国近 1.9 亿人次受灾，1432 人因灾死亡，274 人失踪；52.1 万间房屋倒塌，334 万间房屋不同程度损坏；农作物受灾面积 2622 万公顷，其中绝收 290 万公顷；直接经济损失 5032.9 亿元。生产安全事故总量仍然偏大，道路交通、煤矿等矿产开采、危险化学品等重点行业领域重大事故频发，部分城市建筑、生命线工程、地下管网等基础设施随着使用年限增长，事故隐患逐步显现，由于生产安全事故、污染物排放或者自然灾害等因素导致的突发环境污染事件多发，危及公众生命、健康和财产安全，威胁生态环境，造成重大社会影响；鼠疫、霍乱等法定报告传染病时有发生，突发急性传染病在全球不断出现，境外输入传染病及生物技术误用滥用谬用风险不断增大，食品药品安全基础依然薄弱，公共卫生事件防控难度增大；社会利益关系错综复杂，诱发群体性事件因素较多，涉外安全风险日益增加，社会安全面临新的挑战。从突发事件的复杂程度看，各种风险相互交织，呈现出自然和人为致灾因素相互联系、

传统安全与非传统安全因素相互作用、既有社会矛盾与新生社会矛盾相互交织等特点。在工业化、城镇化、国际化、信息化推进过程中，突发事件的关联性、衍生性、复合性和非常规性不断增强，跨区域和国际化趋势日益明显，危害性越来越大；随着网络新媒体快速发展，突发事件网上网下呼应，信息快速传播，加大了应急处置难度。同时，在推进全面建成小康社会进程中，公众对政府及时处置突发事件、保障公共安全提出了更高的要求，而国家应对能力与严峻复杂的公共安全形势还不相适应。因此，防灾减灾救灾、安全生产管理、食品药品安全治理及紧急医学救援，与社会矛盾化解、社会安全事件处理一样，成为社会治理的重要任务，而且其地位和作用越来越凸显。

三、统筹开展现实社会治理与网络社会治理

21 世纪以来，互联网技术迅猛发展，快速形成了一个庞大复杂的网络社会。由于网络社会的匿名性、平等性、参与性和互动性等特点，它的发展速度远远超出人们的想象。它既独立于现实社会，又与现实社会紧密相连，成为人类历史上新的生存交往空间和方式。网络社会的诞生虽然给人们的生产生活、学习购物、交流交友等带来极大方便，但是网络信息鱼龙混杂、真假难辨，往往充斥着暴力、色情、欺诈、谣言等有害信息，信息安全存在隐患，一些言论不理性、不负责甚至有政治目的，对社会秩序和政治稳定构成威胁，甚至成为违法犯罪的工具和罪恶的避风港。网络社会如同高速公路，如果没有交通警察和交通法规，每个司机为所欲为、不受约束，最终受害的将是每一个司机和乘客。据中国互联网信息中心发布的第 40 次《中国互联网发展状况统计报告》显示，截至 2017 年 6 月，中国网

民总数占全球网民总数的1/5，达7.51亿；互联网普及率超全球平均水平4.6个百分点，为54.3%。作为绝对意义上的网络大国，统筹开展现实社会的治理和网络社会的治理成为一项紧迫的任务。党的十八大以来，党中央不断强化互联网治理的顶层设计，成立专门的管理机构、制定专门的政策法律，依法实施网络治理，促进网络社会健康有序发展。多次开展针对网络谣言、网络犯罪的专项治理行动。2017年6月1日,《网络安全法》正式实施，标志着中国互联网空间正式进入了依法治理的崭新阶段。

四、社会心理服务体系建设受到重视

现代社会工作和生活节奏越来越快，工作压力、学习压力、竞争压力、生活压力越来越大，传统的家庭、熟人社会的支持网络却日益变小，新的社会支持的网络又很不稳定，难以满足人们的情感和心理需要，心理健康问题日益浮出水面，成为一个无法回避的现实问题。一些极端的暴力伤人杀人案件，以及一些对于个人生命采取极端消极措施的事件，经常见诸媒体报道。有专家根据中国部分地区精神疾病流行病学调查结果估算：中国15岁以上人口中，各类精神疾病患者人数超过1亿人，其中1600万人是重性精神障碍患者，其余大多数是抑郁症、自闭症等精神障碍或心理行为障碍患者。还有一些工作、生活、学习、情感受到挫折的人群，缺少家庭和朋友交流的人群，心理往往较为脆弱，例如，失业人员、受过法纪处理的人员、流动人口及其家庭留守人员等。精神异常、心理脆弱，不仅严重影响其本人正常的工作生活，也严重影响其家庭的幸福安康，还会影响社会和谐稳定。习近平总书记说，加强和创新社会治理，核心是人，只有人与人和谐相处，社会才会安定有序。因此，无论是出于保障人权，还是维护社会平安和谐，心理服务都必须得到重视，心理服务体系建设完善刻不容缓。党的十八大开始关注心理健康问题，要求“健全社会心理服务和疏导机制、危机干预机制”。各地积极探索，积累了不少好的经验，党的十九大在此基础上进行了更系统、更科学的部署，提出“加强社会心理服务体系建设，培育自尊自信、理性平和、积极向上的社会心态”，使得心理服务变得更为积极主动、明确具体，从事后干预向事前防范转变、从零打散敲向体系化建设转变。

五、城乡社区成为社会治理的重心

由于计划经济时期形成的“单位制”解体和城乡社会结构深刻变化，随着社会治理实践逐步深入，人们越来越强烈地意识到，城乡社区是社会治理的基本单元，是社会治理的重心所在。城乡社区治理事关党和国家大政方针的贯彻落实，事关居民群众切身利益，事关城乡基层和谐稳定。习近平总书记指出，“社会治理的重心必须落到城乡社区，社区服务和管理能力强了，社会治理的基础就实了。要深入调研治理体制问题，深化拓展网格化管理，尽可能把资源、服务、管理放到基层，使基层有职有权有物，更好为群众提供精准有效的服务和管理。”“城乡社区处于党同群众连接的‘最后一公里’，要把加强基层党的建设、巩固党的执政基础作为贯穿社会治理和基层建设的一条红线，深入拓展区域化党建。要调整和完善不适应的管理体制机制，推动管理重心下移，把经常性具体服务和管理职责落实下去，把人财物和权责对称下沉到基层，把为群众服务的资源和力量尽量交给与老百姓最贴近的基层组织去做，增强基层组织在群众中的影响力和号召力。”2016 年两会期间，习近平总书记参加上海代表团分组审议，就社会治理发表重要讲话，他指出，基层是一切工作的落脚点，社会治理的重心必须落实到城乡、社区。为全面提升城乡社区治理法治化、科学化水平和组织化程度，促进城乡社区治理体系和治理能力现代化，2017 年 6 月，中共中央、国务院颁布了《关于加强和完善城乡社区治理的意见》。党的十九大报告提出，加强社区治理体系建设，推动社会治理重心向基层下移，发挥社会组织作用，实现政府治理和社会调节、居民自治良性互动。这些重要的政策规定必将大大提升城乡社区在社会治理中的地位，促进社区治理体系和治理能力现代化。

参考文献

[1] 李熠煜，等 . 印度社会治理研究 [M]. 湘潭：湘潭大学出版社，2016.

[2] 刘子富 . 新社会治理观 [M]. 北京：新华出版社，2016.

[3] 敬乂嘉 . 购买服务与社会治理 [M]. 上海：上海人民出版社，2016.

[4] 丁元竹 . 社会治理现代化的探索 [M]. 北京：国家行政学院出版社，2016.

[5] 董江爱，等 . 城镇化与基层社会治理 [M]. 太原：山西人民出版社，2016.

[6] 郑德涛，林应武 .D5 社会治理探索与提升 [M]. 广州：中山大学出版社，2016.

[7] 张玉亮 . 虚拟社会治理创新研究 [M]. 郑州：河南人民出版社，2016.

[8] 江必新，王红霞 . 国家治理现代化与社会治理 [M]. 北京：中国法制出版社，2016.

[9] 郑曙光，等 . 基层社会治理创新在宁波的实践 [M]. 北京：中国法制出版社，2016.

[10] 叶青，谷继明 . 创新社会治理 深化平安上海建设 [M]. 上海：上海社会科学院出版社，2016.

[11] 陶希东 . 共建共享 论社会治理 [M]. 上海：上海人民出版社，2017.

[12] 魏礼群 . 创新社会治理案例选 2017 版 [M]. 北京：中国言实出版社，2017.

[13] 李莉编 . 创新云南农村基层社会治理研究 [M]. 昆明：云南大学出版社，2017.

[14] 骆毅 . 走向协同 互联网时代社会治理的抉择 [M]. 武汉：华中科技大学出版社，2017.

[15] 曾文 . 农村社会治理新理念研究 [M]. 北京：光明日报出版社，2017.

[16] 丁旭光，黄丽华，等 . 超大城市基层社会治理实证研究 [M]. 广州：广州出版社，2017.

[17] 吴勇，陈通明 . 宁夏社会治理与民生建设研究 [M]. 北京：阳光出版社，2017.

[18] 杨丽 .“合亩”传统与黎族地方社会治理 [M]. 武汉：武汉大学出版社，2017.

[19] 阮云强 . 城市基层党建与社会治理创新研究 [M]. 上海：华东理工大学出版社，2017.

[20] 于军，李欣玉 . 全国社会治理创新典型案例 2012-2015 年全国社会治理创新典型案例选编 [M]. 北京：国家行政学院出版社，2017.

[21] 高健 . 马克思社会治理理论与当代中国社会治理建设 [M]. 沈阳：辽宁人民出版社，2018.

[22] 刘耀喜 . 单元型社会治理结构 [M]. 北京：知识产权出版社，2018.

[23] 黄涛 . 地方立法与社会治理理论与实践 [M]. 济南：济南出版社，2018.

[24] 王在亮，张慎霞，房晓军 . 加强社会建设 创新社会治理 [M]. 北京：中国海洋大学出版社，2018.

[25] 李永生 . 城市社会治理机制创新研究 [M]. 长春：吉林大学出版社，2018.

[26] 曹胜亮 . 转型与建构 社会中间层组织与创新社会治理研究 [M]. 武汉：华中科技大学出版社，2018.

[27] 吴玲 . 社会治理视阈下美国高等教育回报研究 [M]. 重庆：西南师范大学出版社，2018.

[28] 魏礼群 . 社会治理 新思想、新实践、新境界 [M]. 北京：中国言实出版社，2018.

[29] 孟卧杰 .2019 网络社会治理中的单边主义困境及其超越 [M]. 北京：中国法制出版社，2018.

[30] 崔翔 . 中国党在社会治理体制创新中的功能研究 [M]. 北京：中国经济出版社，2018.

[31] 卢晓慧 . 社会变迁与社会治理 [M]. 昆明：云南教育出版社，2019.

[32] 刘白驹 . 犯罪防治与社会治理 [M]. 北京：社会科学文献出版社，2019.

[33] 魏礼群 . 中国社会治理通论 [M]. 北京：北京师范大学出版社，2019.

[34] 谢志强 . 社会治理研究 [M]. 北京：人民出版社，2019.

[35] 张康之 . 社会治理的经络 [M]. 北京：社会科学文献出版社，2019.

[36] 李宇，姬凌岩 . 中国网络社会治理 [M]. 北京：经济科学出版社，2019.